关系陷阱

如何识别与应对面具下的极端自恋者

How to Leave a
Narcissist...for Good

Moving on From Abusive and Toxic Relation

［美］莎拉·戴维斯（Sarah Davie

龚伟峰·译

机械工业出版社
CHINA MACHINE PRESS

这是一本不可多得的且每个人都需要阅读的手册，也是识别与应对自恋型人格障碍者的权威指南。当下患有自恋型人格障碍的人越来越多。在一段关系中，任何人都可能成为自恋型人格障碍者的牺牲品，因为他们在关系开始时总是表现得不错，而且不易被识别。

你无法改变自恋型人格障碍者，但你可以从一段有害的关系中走出来。在康复的旅程中，本书能为你提供全方位的支持。书中有基于他人经历的案例研究，可以帮助你看清自己的遭遇；本书还提供自我关怀、自我对话、自我疗愈等方面的内容，这些不仅是善待自我的基石，也是从自恋型虐待中恢复的关键要素，更是在未来不再陷入这种虐待关系的有效盾牌。

阅读本书不需要去费劲参悟一些晦涩难懂的心理学理论，你会在作者娓娓道来的故事和案例中产生共鸣，提升洞察力，找到适合自己的方法及应对策略。

图书在版编目（CIP）数据

关系陷阱：如何识别与应对面具下的极端自恋者 /（美）莎拉·戴维斯（Sarah Davies）著；龚伟峰译. 北京：机械工业出版社，2024. 7. -- ISBN 978-7-111-76332-1

Ⅰ. C912.11-49

中国国家版本馆CIP数据核字第20248JP437号

机械工业出版社（北京市百万庄大街22号　邮政编码100037）

策划编辑：刘怡丹　　　　责任编辑：刘怡丹
责任校对：龚思文　李　杉　责任印制：张　博
北京联兴盛业印刷股份有限公司印刷
2025年1月第1版第1次印刷
148mm×210mm·8.625印张·163千字
标准书号：ISBN 978-7-111-76332-1
定价：65.00元

电话服务　　　　　　　　网络服务
客服电话：010-88361066　机 工 官 网：www.cmpbook.com
　　　　　010-88379833　机 工 官 博：weibo.com/cmp1952
　　　　　010-68326294　金 书 网：www.golden-book.com
封底无防伪标均为盗版　机工教育服务网：www.cmpedu.com

引言

如果你正在阅读这本书，那么毫无疑问，你已经对"自恋"产生了一些兴趣或认识。对许多人来说，逐渐意识到生活中或职场上的某个人是自恋型人格障碍者（以下简称自恋者）可能会带来巨大的冲击。这之后的一段时间将会充满挑战和困惑。也许你正在思考是否应该结束与某位自恋者的"有毒"关系，或者你已经采取了行动，但仍然难以接受眼前的一切。

我亲身经历过自恋型虐待，也曾独自走过恢复的旅程。现在，作为一名心理咨询师和创伤治疗师，我继续为来我的诊所求助的众多来访者提供服务。我的主要任务是帮助来访者识别和应对自恋型虐待，陪伴他们走上康复之路。

如果你因为曾经与自恋者交往或遭遇过自恋型虐待而拿起这本书，那么我建议你更多地了解自恋的本质：它看起来像什么，听起来像什么，它因何而生……这是康复之路的起点，也是走出关系陷阱的基础。

因此，尽管开篇的几个章节是对"自恋"的概述，但这本书的焦点并非自恋者。在打好基础之后，你和你的康复将成为重中之重。我会与你分享信息、技巧和建议，帮助你处理好与自恋者的关系，摆脱自恋者的魔咒，进而学会保护自己，避免在未来受到自恋型虐待的负面影响。一个常见的误区是过度关注自恋者，而忽视了自己。当你开始把注意力拉回到自己身上时，康复就开始了。

在康复的旅程中，本书能为你提供全方位的支持。书中有基于他人经历的案例研究，可以帮助你看清自己的遭遇（为保护隐私，书中涉及身份等的个人信息都经过修改）。书中还包含各种想法和建议，引导你实现自我疗愈，使你不再落入自恋型虐待的关系陷阱中——当然，这需要你提高警惕，主动打破某些特定的关系模式。

自恋是一个复杂的话题，很难用简单的几句话讲清楚。生而为人，我们自然希望能够理解自己的经历，并赋予其意义。然而，理解自恋者的行为并不容易，尤其是在初始阶段。根据前文的建议，你需要尽可能多地学习有关自恋的知识，包括其潜在起源，这有助于你更好地应对自恋型虐待。但是，有一点值得注意：当你真切地意识到自己曾经或仍然被困在关系陷阱中时，你可能会陷入停滞不前的状态——你执着于分析整段关系的来龙去脉，试图理解他/她/他们为什么要那样做，但却苦思无果——这会非常令人沮丧。无论是理智上还是情感上，你都无法说服自己，于是你被滞留在这个状态中，不断思考以下问题：

"这个人怎么能这样做？他为什么有时候如此美好，有时候又如此残忍？初见时他那么可爱……到底发生了什么事？他真的爱过我吗？他真的懂得如何去爱吗？我做错了什么？我有什么问题？他怎么能一下子就'变脸'？他怎么可以这么恶毒？他为什么要这样对我？这种情况会改变吗？我怎么会没有察觉到呢？为什么我没有及时退出？"

请放心，花时间回顾你与自恋者的过往并试图理清你们之间的爱恨情仇是正常和必要的。想把所有发生过的事情弄清楚，整合信息，为其赋予意义，是大脑的自然倾向，是它理解和处理个人经历的固有机制。出于人的本能，你可能想要寻找许多问题的线索和答案。这很合理，也是踏上康复旅程的必经之路；掌握好分寸，适度反思，有利于你走出自恋型虐待。通过回顾过去，你的确能发现当时存在的迹象和证据——曾经的冷嘲热讽、故意爽约、言行不一、情感诱导，那些谎言、嫉妒、自私、不体贴，乃至情感操控……意识到这一切，对想要走出困境的你而言是十分重要的。许多遭受自恋型虐待的人在震惊之余，令自己陷入长达几个小时的回忆和思考；从自我疗愈的角度来看，这是意料之中且不可避免的。然而，在某个特定的时刻，你需要接受这样一个残酷的事实——你可能永远无法解答所有的问题，而原因很简单：

试图用逻辑去理解完全不合逻辑的行为是不可能的。

自恋者的所作所为毫无逻辑性。虽然努力理解他们的行为可能对你会有帮助，但最终你可能会发现自己永远无法触及那些问题的答案。我经常看到人们在试图弄清楚自己心中的疑惑时遇到瓶颈，其中有些人就此陷入僵局，久久无法释怀；这实际上是与康复背道而驰的，并可能导致执念、分析瘫痪、震惊和创伤，甚至身体不适。你不能用逻辑去理解不理性的人和他们的不理性行为。为了继续前进，你必须通过一场艰难的考验：与未解开的谜题和解，同时接受与此相关的所有感受。

这项考验就像完成一场痛苦的舞蹈，一场看似无休止的可怕探戈：向前走两步，再向后退两步——而你脚上的鞋子却小了两个尺码！你可能还是会一次又一次地想要查明所发生的一切，这都是非常自然和可以理解的，也是康复旅程中必要的部分。有的时候你感到元气满满，其他时候你很可能会感觉这是一种无力的抗争。然而最终你会发现，想要完全理解对方的无理行为是没有意义的。康复之旅充满了这样的纠结和反复，但随着时间的推移，你将逐渐学会更坦然地面对未知，更轻松地接受它们。有了正确的工具、支持和疗法，你一定能好起来。

重要的是，如果你已经发觉或者正在意识到自己与自恋者有牵连，那么你可能早已心力交瘁。因此，从现在起，你就要学习如何用温柔、善良和宽容的方式同情自己。我们中的一些人是极度自卑的，或许还遭受了太多的虐待，像"自我关怀"这样的概念几乎不会出现在我们的生活中；但这没关系，我将在后续章节中详述。现在只需要你记住：①你经历过苦痛挣扎；②请从这一刻开始自我调整，只做有益于身心的事，切实关注自己的需求——用善良的、鼓励的、充满爱意的心态自我疗愈。

请你暂停一下，回顾上面这段话。我刚刚讲到了自我关怀和自我同情的重要性，你对此有何感想？内心有没有波动？你是否急于跳过这一段，还是选择刻意忽略？你是否觉得自己全都懂了，还是说你现在也说不清楚什么是自我关怀？你是否常常忙于把别人的需求置于自己的需求之前？自我关怀又能否引发你的其他联想？你想到了什么？是自私吗？承认也许你有时对自己过于苛刻，会让你好受一点吗？还是你现在很难由自我同情联想到其他？这一切还有改进的空间吗？

通常是有的。

本书的后续章节将深入探讨自我关怀、自我对话、善良和同情心等方面的内容，这些不仅是善待自我的基石，也是从自恋型虐待中恢复的关键要素。更重要的是，它们是保护我们在未来不再陷入虐待关系的有效盾牌。就目前而言，自我关怀意味着一切让自己感到愉悦和放松的活动：与朋友交谈，向咨询师倾诉，沐浴在薰衣草的芬芳中，犒劳自己一番，体验按摩和水疗护理，和关心你的人在一起，在大自然中漫步，享受一次高尔夫挥杆的乐趣，读一些励志、正能量的书籍，好好吃饭，好好休息，与朋友或家人一起看演出，购物，做志愿者，练瑜伽，做冥想等。

许多饱受极端自恋者折磨的受害者其实是非常善良且有爱心的。不幸的是，他们的注意力会放在照顾、爱护其他人以及满足其他人的需求和愿望上，从而忽略了自己。因此，很可能你已经很清楚如何去爱、去善待和关心他人——因为你已经为对方做到了这一切。真正的康复就在于让宽恕、善意、关怀和同情回到自己身上。

> 健康的人际关系源于和自己建立真正健康的、充满爱的关系。

做到这一点，其他所有关系都会变得更容易。这样的排序才是健康的。

与自恋者交往的感觉就像坐过山车一样：有高潮和低谷，有时令人兴奋、向往，有时令人恐惧。就像坐过山车太久会让你感到头晕恶心一样，与自恋者相处久了也会如此。选中这本书，说明你很可能已经受够了这种经历。本书既能提升你的洞察力，同时教会你各项策略和工具，助力你摆脱并远离自恋者，跳出关系陷阱，重拾自我。

　　写这本书的目的很简单，就是分享我的知识和经验。其中一定有一部分内容是你喜欢并且同意的，希望它们能对你有所帮助；当然也会有些部分是你不太喜欢或者难以理解的。我想鼓励你接受任何你认为有用的内容，并真诚地祝愿你在治愈自己的旅程中一切顺利！

　　　　　　　　　　　　　　　　　　　莎拉·戴维斯博士

目　录

关系陷阱
如何识别与应对面具下的极端自恋者

第一部分
自恋者和自恋型人格

关系陷阱

如何识别与应
对面具下的极
端自恋者

01 什么是自恋

要想学会识别并避免自恋型虐待，首要任务是掌握有关
"自恋"的知识，同时了解与自恋者建立关系可能遇到的问
题。纳西索斯（Narcissus）和厄科（Echo）的故事深刻反映
了自恋型关系陷阱的本质。

纳西索斯与厄科：悲剧的发生

"Narcissism"（自恋）一词源自希腊语，其原型是希腊神
话中的人物纳西索斯。纳西索斯和厄科之间的悲剧关系代表了
自恋者和被吸引到他身边的、失去自我的"依附者"们的爱恨
纠葛。

纳西索斯是一个魅力十足的英俊猎人，无数少女对他一见
倾心，然而他却自负地拒绝了所有追求者。传说中，为了惩罚

他的傲慢冷漠，复仇女神涅墨西斯（Nemesis）施下咒语，让纳西索斯爱上他接下来看到的第一个人。不久之后的一天，烈日炎炎，纳西索斯在激烈的狩猎后感到疲惫，来到宁静的湖边休息。在湖边喝水时，他看到自己在水中的倒影，并立即深深地爱上了它。从那一刻起，纳西索斯完全沉迷于自己的形象和他自身所受到的赞扬之中，丝毫没有意识到他爱上的其实是自己理想化的形象，并开始了对这种无法实现的爱情的徒劳追逐。

厄科本是山中的仙女，容颜秀美，婉约可人，却因太过健谈而被女神赫拉（Hera）惩罚。赫拉剥夺了厄科的表达能力，从此她只能重复别人的最后一句话，无法直接说出自己的想法。厄科遇到纳西索斯的一瞬间就彻底被他吸引住了。她拼命想要接触他，与他交流，让他注意到自己，甚至爱上自己……可惜她做不到。纳西索斯也做不到。厄科渴望得到纳西索斯的关注和爱意，但他完全沉浸在自己理想化的形象上。纳西索斯继续拒绝厄科，然而她并不气馁，继续痴迷地追求着这份不可能的爱。最后，厄科消失了，留下的只有她的回声。纳西索斯也被"自恋"所消磨，痛苦地死于对自己的无尽幻想中。二人都以不满和痛苦告终，心碎而孤独。

纳西索斯和厄科的故事呈现了两段徒劳无功的求爱之路。纳西索斯自我陶醉，爱上了自己的形象，几乎没有注意到周围的人；而厄科将大部分的注意力和努力都集中在纳西索斯身上，以至于没有留下任何属于她自己的东西。

"刚和他确认关系时，变化就开始了，只是我不愿承认罢了，但那绝对已经到了表里不一、言语虐待的程度。有好几次，我都被他的辱骂伤透了心，他说我自私（才怪！），说我是个疯子，说我才是施虐的一方……现在想想都觉得过分，我却咬牙忍了下来。我当时的状态是震惊的，不明白更不相信他怎么会从一个那么可爱的人变成了一个如此恶劣的人。其实我只是看不清事情的本质，我被蒙蔽了。

回想起来，他经常在我想和朋友出去、和闺蜜相聚的夜晚发作。首先，他会祝我玩得开心，还会在我出门前送出礼物。我的朋友都羡慕极了，她们的另一半都做不到这一点。现在我认为这些礼物和送礼的时机体现出他相当阴险。如此一来，朋友们都觉得他是个贴心男友，也就无法理解我为何又在晚些时候抱怨他有多可怕——在外人看来，他甜蜜体贴、爱送礼物，而我只好把他欺负我的事藏在心里。事后我意识到，这正是他想制造的效果。

聚会刚开始时，他不会有所行动。随后，我会接到他的电话和短信，蛮横和羞辱也愈发升级。他指责我自私、抛弃他、不关心他、四处调情。尽管这全是胡言乱语，但奇怪的是我感到非常内疚！这种感觉很糟糕，就像我做错了什么一样。我很害怕，甚至真的有些怀疑是不是被他说中了。然后我就会成为那个拼命想弥补他的人，哪怕错不在我。接下来的一整天我都小心翼翼，他则保持沉默。有时他会表现得若无其事，仿佛不知道我在说什么，或是轻描淡写地借口当时酒喝多了。当初我对这一切都视而不见。如今我走出来了，看得更清楚了。我曾迷茫了很久。我为他做了那么多，却永远不够。我失去了自我，失去了自己的声音。我不明白为什么他就是不能欣赏我，与我相爱。我现在知道了，那是因为他没有爱的能力。我给他的爱不会有回应，而我需要专注于自我价值，并且提醒自己——我值得更好的幸福。"

唯有深入了解自恋的本质、厄科悲剧的真相以及依赖共生关系的内涵，并深度剖析我们身上的何种特质致使我们吸引或依附于自恋者，我们方能看清隐藏在关系陷阱中的徒劳与疯狂。

无论你在自恋型虐待中居于何种角色，重要的是开始屏蔽与对方的接触，同时将对方的行为、心态、挣扎和困扰归咎于他们自己。你、我乃至其他任何人都不应该为对方的行为、选择、痛苦、创伤、成瘾、谎言等问题负责；他们必须依靠自己才能实现疗愈，追求自我成长的愿望必须发自内心。如果出于某种原因，他们不能或不愿这样做，那么你更加无须为此负责。同理，你的责任是聚焦自己的行为、选择、创伤、需求和欲望，让注意力回到自己身上，努力提升自己。切断同对方的联系，让生活回归平衡的轨道，是从关系陷阱中康复和愈合的关键。

自恋和自恋型人格障碍

自恋型人格障碍（NPD）是《精神障碍诊断与统计手册》（DSM）中定义的一种 B 类人格障碍，其典型特征是以自我为中心、漠视他人感受、极度渴望关注与赞美、缺乏同理心，并表现出长期性的行为和态度模式。自恋者通常沉迷于追求金钱、权力、影响力、成功和成就，以及自我吹嘘和夸大。他们善于操纵他人，并且毫不犹豫地利用他人或组织来满足自己的私利。事实上，许多自恋者只是将他人视为商品。他们无法真正体验与他人建立深刻而真实的关系或联结。

自恋型人格障碍的主要特征包括：

- 强烈的优越感，期望他人或机构给予特殊对待。
- 对自我的认知：自恋者需要不断得到他人的正面评价和反馈、羡慕和崇拜，以此来强化他们的自尊心和自我认同。
- 表现出自私和追求自我利益的行为和举止。
- 夸张的自大感：自恋者会夸大或谎称自己拥有的成就、重要性、地位和能力。
- 傲慢。
- 焦虑。

- 对赞美和关注的病态渴望。
- 自尊心低下和根深蒂固的不安全感，并通过狂妄自大、贬低或评判他人言行来掩饰。
- 对成功、权力、财富、爱情、才华、容貌或人设等过分沉迷。
- 认为自己是"特别的""与众不同的"或"独一无二的"。
- 强烈的特权感。
- 在人际关系上有高度的操纵性或剥削性，自恋者会为了自己的利益利用他人。
- 缺乏真正的同理心。自恋者可能会伪装成关心对方的样子，但那只是为了影响对方的感受。自恋者的任何共情表现都是为了操纵对方，最终服务于自己的私利。
- 不愿意为任何错误或欺骗行为承担责任。
- 有强烈的指责他人的倾向。
- 有成瘾和纵欲行为，包括强迫症倾向、吸毒、酗酒、赌博、沉迷工作等。
- 无法建立或维持长期且有意义的关系。
- 对真正的情感亲密或承诺感到恐惧与无能。
- 具有攻击性或相关行为，难以控制愤怒和暴怒。

值得注意的是，一个人可能具有部分或全部上述特征。如果你的现任或前任伴侣符合以上描述，那么他们可能患有自恋型人格障碍或具有自恋特质。通常只有临床专业人员才能做出正式的诊断。

除了以上主要特征，自恋者的行为表现可能会有所不同。一般来说，自恋存在以下两种主要的人格类型，现在我将为你详细介绍。

显性自恋

显性自恋者还是有迹可循的。作为自恋的典型代表，他们符合人们对于自恋的传统认知。"显性"意味着浮夸，就如同我们在好莱坞电影、商业、政界和名流舞台上所看到的那样。一般来说，显性自恋者是老练、自信、温文尔雅、魅力四射的代名词，他们通常拥有一定的权力地位，可能是企业家、创业者、政治家、艺术家、首席执行官或其他具有影响力的角色。他们穿着昂贵时尚、设计精良的服装，造型前卫，个性鲜明，散发着逼人的香气，眼神中流露出璀璨的光彩，令在场所有人侧目。他们总是有能力让自己成为焦点，时刻传递着性感与人格魅力，吸引一众毫无戒心的仰慕者。显性自恋者往往看起来是强大、自信、坚定、傲慢、脸皮厚、控制欲强、无坚不摧的人。尽管对自己的外貌和形象有着强烈的不安、执着或偏执，但他们通常比较自负，是身材健美、相貌出众的情场高手。他们既能做到有趣、狂野、幽默、浪漫、出其不意和深情款款，又能展现出惹人怜爱的脆弱，捕获追求者的真心。不难看出为什么有这么多人为显性自恋者的魅力所倾倒。他们有能力让周围的人立即感到美妙无比。然而，他们也有破坏和虐待的能力。

显性自恋者对待他人的方式非常明显、清晰和直接，很容易被识别。他们几乎总是毫不顾忌地寻求关注，追求自我利益，不惜为此而冒险，频繁操纵和利用他人。他们往往执着于财富、地位、成功、认可、赞美和权力，但同时对外界的拒绝、批评或指责异常敏感。为了控制对方、获取所需，显性自恋者表现得喜怒无常，具有操纵性和攻击性。任何敢于和他们作对的人都可能会遭遇自恋性暴怒。他们会不择手段地欺负、伤害对方，或者突然断绝与某人的关系，仿佛对方从未存在过一样。面对拒绝或矛盾，他们选择抹黑和仇视对方。显性自恋者会抛弃或惩罚那些不顺从他们的意愿来崇拜或赞美他们的人。最终，他们通过各种离奇而又极其微妙的方式来满足自己的利益和需求。

"与约翰的初次相遇令我刻骨铭心，那是在一次工作聚会上。我们都从事法律行业，所以我的一些朋友和同事早就认识他了。他在走进来的那一刻，立刻引起了我的注意；虽然有好几百人在场，但我只看到他从房间的另一侧走进门。他帅气英俊、身材高大，最先吸引我的是他灿烂迷人的笑容。他细心地和路过的每个人打招呼，直到有人介绍我们认识——我真的感到膝盖发软，他如此英俊潇洒、魅力十足、衣着得体、香风袭人……我简直不敢相信他就在我的身边，想要和我说话！

他的出现让我产生了强烈的身体反应。我知道这听起来有点离谱，但在他开口之前，我就已经沦陷了！我通常是相当矜持冷静的，但和他交谈时我却很紧张。我们之间产生了巨大的化学反应和能量——我从未有过这样的感觉。我与他眼神缠绵，仿佛能将他看穿。那是一种深层次的亲密感。

现在回想起来，一切都发展得太迅速了，约翰让我难以自拔，很快我就上瘾了——我们交换了电话号码。那天晚上他即将离开，在走出门时，他回头对我微笑。那一刻，我觉得自己很特别，就好像在这场聚集数百个聪慧美丽的人里面他只能看到我，而我也被他迷住了。从相识的第一天起，他就有种魔力。当晚他就给我发了短信，我们聊得火热，定好了过几天约会的时间……我们的爱从一开始就是轰轰烈烈的。"

隐性自恋

隐性自恋者的表现形式略有不同，不太容易被识别。本质上，隐性自恋与显性自恋有着相同的核心病理特征，即脆弱的自尊和自我，并且都源于相同的幼年伤害（我们很快就会探讨这个话题）。然而，隐性自恋者会表现得更加无辜、更加脆弱。他们可以轻声细语、循循善诱、温柔体贴、行事低调，也可以是害羞的、安静的、敏感的、甜蜜迷人的、乐于助人的。他们内心深处的恐惧和脆弱被一系列更精妙的操控技巧所掩盖，包括通过表现得关心他人、大公无私来满足自己的需求，而这些技巧在显性自恋者身上通常看不到。隐性自恋者给人的印象是拯救者。他们可能非常慷慨——购买礼物或提供资金——进而借助经济地位来获得权力和控制。他们以各种微妙的间接方式令他人感到愧疚。例如，伪装或利用疾病或健康问题来博取同情和照顾，通过道德绑架来获得控制权并满足自己的需求，借助委婉的方式来获得关注、同情或钦佩，甚至将爱和性也用作操控他人的筹码。隐性自恋者有一种不张扬的诱惑；所有的技巧最终都是为了满足他们的自恋供给。

隐性自恋者可以为了他人委屈自己（前提是每个人都能看到并欣赏这一点）。与显性自恋者相比，隐性自恋者能够更自如地展示他们的"弱点"或"脆弱之处"。因此，他们乐此不疲地讲述着自己是如何成为受害者的，是如何被冷落、被误解的，他们解释着自己有多么不容易——全部都是别人的错。同样，这一切的最终目的都是为了操纵和控制他人以获得他们迫切需要的关注、爱戴和同情。极端自恋者可以是两类自恋人格的混合体。

根据临床实践经验，我将隐性自恋分为五个类别，下面将详细说明。与主流媒体中经常描绘的傲慢、浮夸型的自恋者相比，隐性自恋者更难被发现。不过，他们所造成的伤害只会更为严重，因为这种人格类型在表现出"致命诱惑"的同时，又具有控制性和操纵性，这只会加剧伴侣的困惑。需要注意的一点是，自恋者可以有不止一种隐蔽特征：你可能会在同一个人身上识别出多种隐性自恋的类别。

成就导向型

这类自恋者将那些有地位、有人脉的人，以及有远大理想或重要工作的人列为目标。对于成就导向型的自恋者来说，最重要的往往是你做了什么、拥有什么。在物质至上的自恋者心中，一切都是没有上限的。他们会通过各种方式告诉你，无论你取得什么成就都是远远不够的。他们寻找的伴侣经常是焦头烂额的、正竭尽所能地在事业的打拼中出人头地的工作狂。在这种情况下，情绪健康难以得到保证。对于伴侣的疲劳/压力/倦怠或情感需求，隐性自恋者可能不予认可或直接视而不见；在受虐的伴侣眼中，爱需要通过成就或收入来换取，隐性自恋者不断用批评、赞扬或威胁分手来强化这一观念。

"我的伴侣极少帮忙做家务。我的工作非常繁重，时间长、要求高且压力大，我回到家时已经筋疲力尽。他独自在家，什么也不做。房子总是一团糟（尽管请了清洁工）——冰箱里没有食物，晚饭也没准备。他既要我去上班，又要求我做饭、打理家务。我疲惫不堪。回想起来，这早就超出了我的极限，真不知道当时是怎么忍下来的。但我却很想取悦他，不想让他失望。如果我表现出疲倦或挣扎的样子，就好像有了弱点。和朋友聚会时，他会滔滔不绝地谈论他是多么为我感到骄傲，以及我所取得的所有成就和我兼顾的所有事情。我只好把一切默默承担下来。"

受害者型

受害者型隐性自恋者热衷于向他人展现他们所谓的"脆弱"，并频繁地抱怨自己遭受的苛刻对待。他们似乎总有一连串不愉快的前任、感情纠葛或工作经历。在他们看来，所有不健康或有毒的关系都是别人造成的——至少他们是这样声称的，却从不反思自己可能扮演的角色。更为过分的是，这类自恋者在当前关系中也常以受害者自居，指责现任伴侣不理解和不体谅自己的需求，同时暗示自己是他人不安和愤怒情绪的牺牲品。值得留意的是，他们总是将自己塑造成受害者，坚决不承认自身应负的责任；通过这种手段，他们将旁人推向"拯救者"的角色，或者引发他人的内疚感，从而操纵他人满足自身的私欲和需求。

"遇到我的另一半时，他拥有一份收入丰厚的工作，除了工作压力大，他享受这份工作带来的一切好处，尤其是他那脆弱的自尊心所急需的社会地位（这是我后来才明白的）。交往一年后，他选择了辞职，与此同时，我们决定一起搬家。奇怪的是，他总是提起'放弃高薪工作'的'壮举'，似乎在暗示我应该永远感激他，并为此心存愧疚。然而，我从未迫使他放弃什么，那甚至不是我的主意。我对他的行为感到困惑，于是开始研读有关自恋、操控以及虐待行为的资料，并认识到这些行为的本质——他试图使我陷入内疚和不安之中。

我们的关系逐步恶化，我也到了忍无可忍的地步，决定就此放手。在我鼓起勇气离开后，我得知他仍然将事业上的变动归咎于我，并且变本加厉地把我描绘成恶人，说我是为了他才搬家的，然后我却离开了他、抛弃了他！据我所知，他通过假扮'受害者'获得了很多好处。他的朋友和家人都围上来表示同情，一致认定我是个邪恶、疯狂的人……真是荒谬至极，所有这些不过是自恋者惯用的戏码而已。"

拯救者 / 救世主型

在我的私人诊所，我经常遇见这类自恋者并听闻他们的故事。有趣的是，人们倾向于在自身处于脆弱状态时——也许是分手或离婚之后、亲人离世之后或工作压力极大的时候——与"拯救者"型隐性自恋者相遇。他们通常在你最脆弱的时刻从天而降，犹如身披闪耀铠甲的骑士，随时准备着关心、保护和照顾你。这种现象类似于爱情中的甜蜜炮弹轰炸，实则是一种关怀轰炸——坦率地说，如果时机刚好选在你最需要帮助的时候，你就会很容易接受并当场屈服。不过，关怀轰炸将催生出一种不健康的依赖关系，拯救者型的隐性自恋者会渐渐展露出他们强烈的控制欲。

"我刚离婚不久就遇到了迈克尔。前夫的情感虐待、离婚的漫长痛苦令我精疲力竭。然后迈克尔出现了，我简直不敢相信自己的运气！他浪漫体贴、对我宠爱有加。他会为我精心挑选礼物，下班会来我家烹饪美食，甚至还包揽了我上下班的接送。他帮助我在经济上重新站稳脚跟。在他的坚持下，很快他就开始支付我们的家庭开销。相识不到半年，我们就同居了。

现在想来，我在上一段感情中受到重创，几乎没有力气对迈克尔的任何提议说'不'，只是任由他在一旁付出。说实话，有这样一个人对我倾注深情和关怀，我感到十分欣慰。这与我从前的伴侣形成了鲜明对比。但是随着我逐渐恢复元气、变得坚强起来，我开始意识到他控制欲的真面目。他似乎必须插手我的每一件事，让我感到喘不过气来。当我坚持要自己购买食物或独自上班时，他就会流露出猜疑、沮丧甚至怨恨的情绪。他需要我百依百顺，经常用内疚的心理战术来操纵我。

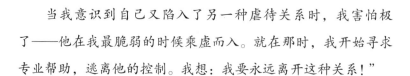

当我意识到自己又陷入了另一种虐待关系时，我害怕极
了——他在我最脆弱的时候乘虚而入。就在那时，我开始寻求
专业帮助，逃离他的控制。我想：我要永远离开这种关系！"

成瘾者型

成瘾行为在自恋者中是一种普遍现象，通常容易被其亲近
之人察觉。尽管如此，我仍将其归为隐性自恋的特质，原因在
于这类自恋者往往运用更为隐蔽的策略来操控及诱导他人，对
亲近者施加无形的心理折磨。举个例子，成瘾者会期望伴侣帮
助他们、拯救他们、修复他们，或者以任何其他方式为他们的
行为承担责任。任何形式的成瘾本质上都是自恋行为。沉迷于
其中的成瘾者是极度自私的，他们的焦点在于追求下一次快感
的满足——甚至不择手段。为达目标，他们不惜动用各种操纵
手段。成瘾者型隐性自恋者会试图将伴侣置于拯救者、照顾者
或修复者的位置，并通过占据道德制高点向对方施压。同时，
他们习惯于扮演"受害者"的角色来强化自身的成瘾行为。

"当我发现露西出轨时，我彻底崩溃了。在此之前，我认
为我们十分相爱。她聪明漂亮，有幽默感，我们一起旅行，还
一起做过许多事情。她手机里的暧昧短信让我很受打击，我当
面要求她解释，可她却暴跳如雷，指责我信不过她，侵犯她的
隐私，将过错推到我身上。我感觉很糟糕，并为翻看了她的手

机感到难过和内疚。也许真像露西说的那样，是我疯了。

露西说那只是一次偶然。当时我在出差，她感到孤独；言外之意是，假如我没有离开一个星期，她就不会做出那种事。我提出分手，她歇斯底里地哭着求我留下来，承认自己犯了错。露西坚称需要帮助，打算寻求心理咨询，并保证再也不会这样了。我同情她，相信她的诚意，也能看出她很痛苦。我为她感到难过，同时也感到有些自责。

和好之后，她去看了一次心理医生，但回来就说他们都是垃圾，根本帮不上忙。不久，信任危机再次来临。三个月后，我在露西那里发现了酒店的收据——她的背叛和谎言从未停止。我们不可能继续在一起了。"

心身疾病型

心身疾病型的隐性自恋者会利用真实的或臆想的疼痛、疾病和健康忧虑来确保自己成为众人关注的焦点。他们通过不断抱怨自己的身心状况来操控伴侣，阻止对方离开自己。

"当我意识到自己正与一个极度需要关怀、控制欲极强的伴侣在一起时，我就开始计划脱离这段关系。但每当我采取行动时，他就会装病，甚至真的出现某些症状。直到我第五次或第六次试图离开他时，朋友才向我指出这是明显的套路。他还曾在某一时刻安排了一台手术，只是为了利用我的内疚将我束缚！然而，当我识破了这种极具操纵性的行为模式后，我毅然决然地离开了，再也没有回头！"

有些自恋者会在显性和隐性两种类型之间摇摆不定，不论哪一类，他们可能都遇到过无数"变态"的前任、朋友或同事，因而总是自诩为受害者。然而，倘若这种"关系灾难/受害者"的模式确实存在，我认为这其中有一个不变的因素，那就是离这个"受害者"越远越好！

"安德鲁给我的第一印象很好——亲切、善良、幽默、有耐心，和同事关系融洽。他话不多，讲起话来轻声细语，看起来很好相处。安德鲁对自己的过往无比坦诚：他离过婚，曾饱受酗酒困扰，参加了 12 步戒酒小组，至今已经戒酒十多年。他诚实大方，处处为他人着想，让我有点心疼。我们的感情迅速升温。

那时我刚单身不久，非常需要陪伴。与安德鲁交往后，他用大量的赞美、礼物、聚会、晚餐和旅行充实了我的生活。虽然他并非我的理想型，但我还是选择了接纳。被关注的感觉真的很好。他对我非常着迷，我受宠若惊。现在想来，他其实很快就对我产生了依恋，甚至到了痴迷的地步。不久他就向我告白，说他以前从未有过这样的感觉。结合心理咨询师的分析，这段关系从一开始就建立在幻想之上——对他来说肯定是这样；从某种程度上，对我们二人都是如此。

　　当时我是混乱的，没有力气阻止这一切……和他在一起，我并没有准备好，也很难说这是我真正向往的。尽管我表示过想要慢慢来，但他不听，也听不进去。他太自以为是，坚信他的决定才是对我最好的。这当然令人懊恼，可以说是对我的不尊重——就好像我无法自己做决定一样。当时我相当被动，只是由着他折腾。他确实有点霸道，但有人替我掌控一切反而让我觉得新鲜，所以就顺其自然了。几个月过去，我有点透不过气来。他凡事都想一起做。又过了几个月，我们几乎形影不离，但是我很想逃跑，我感觉自己快要窒息了。

　　安德鲁的控制欲愈演愈烈，他时刻想知道我在哪里、和谁在一起，每当我独自外出或者做错了什么事，他就会生气或和我冷战。有时我不知道自己到底做错了什么，他也不愿解释。这令我感到焦虑。现在我知道了，他的行为属于虐待。他不给我留下任何私人空间，即使我们在吵架，他也不允许我离开房间冷静一会儿。起初我以为他只是无法忍受分离，其实都是控制欲在作祟。他承认自己不擅长独处。当我试图结束这段关系时，他要么完全忽视我的想法，否认我们之间的问题；要么就颠倒是非，将我描绘得一事无成。然后我就开始怀疑自己——我真想离开他吗？我的真正感受是什么？他还会发出含糊的威胁：'好，你走吧，看看会发生什么。'我吓坏了，不敢采取行动。我被困住了，一直在担心可能会发生的事，实在是太可怕了。我知道这听起来很荒谬，但我真的尝试了很多次才最终摆脱他，每一次都会遇到各种借口或戏剧性的事件。

每次我打算分手，他总是突然病倒，卧床不起。我感到内疚，不得不搁置分手的念头。我觉得有义务照顾他，结果又一次被困住。那段时间真是太紧张了。他通过生病、装病阻止我离开，这已经演变成了固定的模式：每当我想摆脱他的控制时，总是发现他躺在病床上。

每次向朋友倾诉时，他们都觉得我不可理喻。我孤立无援。没有人站在我这边，因为安德鲁在外界与私下展现出两幅面孔。外人很难相信我的话，也没兴趣插手我们的矛盾。不止一次，我看到安德鲁在公众场合瞬间变脸——每个人似乎都觉得他善良可爱，我更是被他选中的幸运儿。这严重影响到我的个人判断。人们认为是我在无理取闹。他有时甚至会对朋友们'开玩笑'说我精神有问题，说我有人格障碍，说我才是真的疯了。现在想想就恶心，这全是情感虐待的一部分。他将所有的过错都投射到我身上，而他才是那个自恋之人。现在我彻底看清楚了。然而，在那段时间里，我可以感觉到自己的变化，我不再是我自己。我的自尊和自信消失殆尽。我与许多朋友渐行渐远。我感到筋疲力尽。

面对这个局面，我真的受够了。不知是哪里来的力量，有一天我决定不再忍耐。我收拾好东西，毅然离开了。那一刻，我感到前所未有的轻松，仿佛找回了真正的自我！自那以后，我踏上了康复之旅，我庆幸自己挣脱了束缚。我重新感受到了自由。"

自恋的不同水平

某人的一些自私行为并不代表他患有严重的自恋型人格障碍。不妨将自恋的不同程度想象成一条连续的光谱，而自恋型人格障碍（NPD）位于光谱的最极端位置，这类个体极度缺乏同理心，无法像其他人那样感受到情感或与他人产生共鸣；他们能够从自己的情感中抽离出来，从而不会体验到任何真正的同情、遗憾或悔恨，更不愿为他人着想或承担个人责任。我们中的大多数人则位于光谱的另一端，只会偶尔表现出某些自恋特质。

在生命的某些时刻，每个人都可能显露出自私自利或自我陶醉的一面。比如，认为自己有能力去改变、取悦或修复伴侣（以及其他任何人），这在我看来就是有点自恋的。我们都不具备掌控他人的能力。依赖共生关系中的当事人、像厄科一样的依附者，甚至一些心理咨询师和医务工作者，在他们试图帮助他人、拯救他人或修补他人创伤的过程中，也可能展现出自恋倾向。认识到自己的这种倾向非常重要；换句话说，自我反省是保持谦逊和诚实的关键，有助于每个人的成长。这种自我认知并不会让我们成为自恋者；相反，如果我们能够体验到对他人的同情、悔恨和怜悯，就有可能改变自身的自恋倾向。

然而，对于真正的自恋者来说，进行真诚的自我反省通常是件难事，他们也不太可能体会到同情、后悔或怜悯这些情感——极端自恋者甚至有能力伪装出配合、体贴的样子。要从自恋特质中实现积极的转变、成长与疗愈，不仅需要持续、坚定的动力，还必须愿意承担起个人责任。大多数真正的自恋型人格障碍患者无法为自身行为负责，他们更喜欢责备他人，让其他人替自己承担责任。

现实状况是，自恋现象在西方社会广泛存在，自恋者比比皆是。无论你的年龄、性别或性取向如何，你可能已经在学校、职场、家庭或社交场合中遭遇过自恋之人。为了你的身心健康，当务之急是增强对自恋的了解：学会识别预警信号，训练自己对相关迹象的敏感性，避免落入关系陷阱。若你不得不与自恋者打交道，我将向你提供实用的策略和建议，帮助你妥善处理这种复杂的关系，并引导你确立个人边界，保护和照顾好自己。

反思时刻

- ◆ 自恋者有哪些关键特征？
- ◆ 你在现实生活中遇到的自恋者有怎样的特质？
- ◆ 显性自恋者和隐性自恋者有何不同？
- ◆ 你如何区分显性自恋和隐性自恋？
- ◆ 自恋型人格障碍（NPD）与自恋特质有何区别？

什么造就了自恋者

既然你已经知道了自恋者的识别方法，接下来我要为你揭秘他们的"前世今生"，这会让你更加清楚地意识到：自恋者的行为并非针对你个人，也不会因你而改变，这更不是你的过错或责任。遭受自恋型虐待时，我们常常感到困惑，心中堆积了许多无解的问题。我们的大脑会本能地试图理解某些事情发生的原因和方式，以及某人行为背后的动机。如果你刚刚经历了情感虐待或一段艰难的关系，那就请尽可能多地了解自恋的本质和起源，这对于自我疗愈来说是个很好的开始。

我想让你明白的是，尽管你无法解答内心的所有困惑，但你依然能够增进对自恋者行为模式的理解。自恋者之所以表现出那样的行为，根源在于他们曾经遭受过伤害。但请注意，这并不是要同情自恋者，为其辩护，或者为其虐待行为找借口。自恋者在心理上不健康，也因而造就了他们特有的人格类型，掌握这些信息有益于你的康复之旅。

自恋型人格的产生和发展涉及很多因素。有证据表明，自恋型人格障碍可以遗传；其他研究则揭示了反社会行为者在生物化学方面（结构上）与常人存在显著差异，从侧面说明其遗传性。但归根结底，我认为成长环境和幼年经历对自恋型人格障碍的形成和发展起着决定性的作用。

人们普遍认为，两种极端的、截然不同的养育方式和童年经历与自恋特质（或人格）的形成有关。一种是在年幼时经历过严重的忽视或虐待。另一种养育方式则恰恰相反，即童年时期的过度养育，或是有家人或看护者一直过度夸奖、夸大和高估孩子的能力。这两种极端都是不健康的，并且已被证明与自恋型人格和自恋特质的发展有关。

幼年时期的忽视和虐待

新生婴儿处于极度脆弱的状态，其生存完全依赖于主要看护者，这一角色通常由父母担任。在生命初期，任何婴儿都需要借助主要看护者来识别和满足他们的基本需求，从而支持他们的身体、情感和心理发展。这个阶段的婴儿语言能力有限，无法明确表达想法，他们会本能地哭闹，以求自己的需要得到关注和满足。在理想状况下，当婴儿由于饥饿、疼痛以及想要寻求安慰或安全感而开始哭闹时，母亲、父亲或其他主要看护者会适当地予以回应。一般来说，婴儿直接感受到关爱，核心需求得以满足，就会开始与父母或看护者建立安全的或"还不错"的依恋关系和纽带。"完美无瑕的养育"既不可能，也没必要。能够与婴儿就需求达到基本和谐的看护者就称得上"还不错"的父母，这种照护方式会从根本上影响并塑造孩子的心理和情感发展。自恋者通常在上述阶段经历过某种形式的严重护理中断。

请注意：自恋者不是被糟糕的父母或看护者培养出来的。在自恋者幼年时期，严重或长期的忽视或不稳定的依恋关系可能诱发他们的自恋特质。这可能是由于父母本身就是自恋者，或者心神不宁、忙于其他事务，或者正与自身的成瘾问题或精神问题做斗争；也可能是父母严厉、惩罚性或打击式的养育方式造成的。有时并非有意为之，例如父母早年生病，无法尽心照顾孩子。另一种情形是，作为大家庭中最小的孩子，自恋者的需求很难得到充分满足。我还见过某些案例，父母一方被怀疑患有自闭症，因而在某些方面展现出类似自恋者的互动方式。通常情况下，一个持续稳定、相互支持的家庭环境足以弥补早期出现的问题。

幼儿处于"自我中心"阶段，尚未发展出"心智理论"。这意味着他们还没有能力去认识和理解别人的思想、需求以及感受，而只是把他人当作自我的延伸。在他们看来，无论自己有何种内心体验或情感波动，其他人也都拥有相同的体验，并且能够洞察和理解他们的需求。他们尚未意识到，个体之间的体验可能存在差异。

自恋的种子通常在这个早期的关键发展阶段萌芽。在年幼的时候，如果我们的基本需求得到了恰当的回应，我们便能成功跨越情感和心理成长的重要里程碑。有了持续不断的无条件的爱、信任、积极的关注和反馈，我们就能拥有健康的自尊、关键的社交技能及稳固的内在安全感，能够以各种方式关爱自己。我们大多会成为体贴稳重、有责任心、富有爱心的成年人。

自恋者的童年不具备上述环境。因此，他们停留在"以自我为中心"（即自私自利）的阶段，无法体会他人的感受。由于缺乏无条件的爱和尊重，自恋者的基本需求被忽略，他们沉浸在羞耻和愤怒之中，对自我价值进行否定。从本质上讲，自恋者在这个阶段的情感发展受到了阻碍，内心充满恐惧、羞愧和不信任。他们未能学会体谅他人的立场、需求或愿望；相反，他们一心只想满足自己的需要和欲望。成年后，自恋者倾向于不惜一切代价满足这些需求，并且已经学会了通过操纵他人来达到自己的目的。由羞耻、不信任、愤怒和恐惧构成的情感基础催生了一系列的主动防御机制，使自恋者屏蔽了真正的痛苦和羞耻，而用傲慢的态度和夸张的幻想作为掩饰。

自恋者受到的情感伤害恰恰源于幼年基本关爱的缺失。在现实生活中，这可能表现为婴幼儿在饥饿时不被喂养，在不安和哭泣时无人问津，或者各项需求长期被忽视。不管出于什么原因，自恋者的父母往往无法提供健康的亲子关系和恰当的回应。这些年来，育儿观念已经发生了变化。几十年前，人们认为应该任由幼儿哭闹，直到他们能够自我安抚并安静下来。我们现在的理解是，当婴儿停止哭泣时，这可能表明他们已经放弃了得到回应的希望。幼年时期持续而大量的此类经历足以造就自恋型人格，无论这些忽视或虐待是否出于故意。

自恋者的童年经历经常具有一些共通的不幸模式。父母或看护者在孩子成长的早期阶段可能时常缺席，或许沉溺于酒精或药物成瘾之中，无法提供持续稳定的关怀和支持。有时，父母一方甚至双方都有心理健康问题、未解决的创伤、未满足的需求、上瘾或其他问题，使他们无法与孩子建立健康的纽带。此外，父母之一被怀疑患有自闭症，这也会导致他们难以与孩子建立情感联系。自恋者常常来自有着强烈育儿观念的家庭，也许是文化上的，也许是其他方面的——自恋与不稳定的、苛刻的、"强硬"的育儿方式之间有很强的相关性。有时，自恋者的父母本就处境艰难，例如非常年轻、不成熟、有精神问题等；自恋者可能在混乱或充满虐待的家庭氛围中长大，例如，父母长期争吵不休，或者在不正常的环境中依靠周围的员工、邻居或朋友抚养长大——此类不稳定的环境都容易导致孩子在成长过程中长时间被忽视。我相信，许多父母本身也有自恋倾向，这会不知不觉地影响子女，所以这些子女很可能观察并习得了各种不健康的、操纵他人的方式以满足自己的需求。他们没有太多机会学习建立健康的界限、责任感或同情心。这对他们与人相处和建立关系的能力也有显著影响。

在我所接触的自恋个案中，许多人都经历过早期的发育创伤，这通常与遗弃、忽视或亲子关系的严重破坏有关。我还要强调的是，儿童不需要一个绝对"完美"的童年才能茁壮成长。健康的情感发展依赖于早期需求的适度满足，达到"还不错"的程度就足以支持情感的发展，帮助儿童理解行为的后果，进而培养出个人责任感——自恋者恰好欠缺这一点。对于自恋者来说，幼年经历几乎等同于严重的情感忽视或虐待。下面我将分享一些具体的例子。

罗布在戒酒期间知道了自己有自恋型人格。作为一名成功的商人，他一生中大部分时间都在与成瘾做斗争：酒精、毒品、赌博、女人……虽然他成功地戒掉了酒瘾和毒瘾，但面对赌博和女人时，他的成瘾和自恋行为依旧存在。对于自己的各种行为，罗布会在辩解和否认之间来回摇摆，时而咄咄逼人、傲慢不已，时而又似乎在深刻反省。他的童年充满阴影。母亲是个酒鬼，父亲身份不明。幼年时期，罗布的母亲忙于应对自身的酗酒、抑郁和感情纠纷，她频繁爱上"错误的"男人，还时常遭受伴侣的暴力，罗布则目睹了这一切。由于酗酒，母亲长期不在他身边，他的身体和情感需求被忽视了。四岁时，罗布被送去姑姑家，依然没能得到妥善的照顾。他经常被独自留在家里挨饿。直到八岁，罗布的生活才逐渐稳定下来；遗憾的是，早年的忽视和虐待无法逆转，他的自恋防御已经形成。幼小的罗布从未获得持续的支持、健康的互动、无条件的爱和关注，为了让自己远离心理和情感上的痛苦，他发展出一系列的自恋防御机制。于是，他变得更加激进，更专注于外在的成就，以此来掩盖内心深处的羞耻和自卑。这恰好是工作成瘾和野心过度的成因。

露西是家中的独生女，她的父母严格、专制，是相当注重事业和成就的人。他们的管教方式并不稳定，但总体上是严格的；在有闲暇时，他们溺爱备至；而在压力山大时，则严苛无比，设立许多规则与限制。对于任何孩子来说，这都是一个相当混乱的成长环境。因此，露西掌握了操纵父母的技巧以满足自己的需求。由于父母有极强的事业心，很难与女儿建立健康的关系，露西便学会了通过操纵、施压乃至霸凌来得到自己想要的一切。这种行为在她求学的过程中持续发酵。尽管外表傲慢自大，露西内心却饱受自卑和自我怀疑的困扰。她的控制欲日益膨胀，经常情绪失控，陷入暴怒。实际上，她是无法接受因事情不按自己意愿发展而带来的痛苦。十几岁的时候，她对饮食的控制逐步走向极端，最终患上了神经性厌食症。多年来，她一直否认这一点，即便向心理咨询机构寻求帮助，也会试图用谎言和操纵手段去影响专业人员。在众人眼中，露西粗鲁傲慢，经常轻视和贬低他人。

马克排行第四，是家中最小的孩子。他的父母都很年轻，缺乏养育孩子的经验，也很少得到家人的支持。幸好二人意志坚定，他们相互依靠，努力工作。事后看来，在马克出生后，他的母亲曾患上产后抑郁症。当时人们对这种使人衰弱的疾病尚不了解。马克的母亲吃了不少苦，失去了往日的活力，常常卧床哭泣，而家人却要求她"挺过去""坚强一点"。这严重影响了她和马克之间的关系。马克的父亲成了家里的支柱，尽力照看四个孩子，却也是孤军奋战。马克觉得自己与这个家格格不入，在幼年时期经常因为好斗的性格惹上麻烦。后来，在一位良师的帮助下，马克开始将注意力转向学业，变得非常有动力，成绩突飞猛进。成年后，他白手起家，成为一名成功的企业家，赚了许多钱，并享受着财富所带来的一切。不过，他很少感到快乐，一直遭受抑郁和焦虑的折磨，可他不愿意寻求帮助，因为他担心被人发现或受到歧视。马克沉迷于工作，企图用更多物质财富让自己感到充实。然而这只能带来短暂的快感，随后他就会"需要"更多；对他来说，没有什么是足够的。他四处留情，私生活混乱不堪。似乎没有什么能够真正触及他心底的渴望。

如果你目睹过自恋性暴怒或自恋者的癫狂时刻，你可能会窥见他们心中的那个幼稚孩童的身影。自恋者怒不可遏的样子，像极了一个蹒跚学步的孩子在发脾气——他们会尖叫、大喊，尝试各种稀奇古怪的方式让自己如愿，包括把玩具从婴儿车里扔出来，扔得到处都是！自恋者的心态仿佛滞留在幼童时期（通常不超过四五岁），以任何可能的方式寻求他们迫切渴望的关注与认可。

养育方式与自恋型人格障碍的形成

自恋型人格障碍主要与两类幼年经历有关。它们都很极端，并且性质完全相反。一种是情感上的忽视或虐待；另一种是父母的过度溺爱，也就是前文提到的过度养育。例如，父母滔滔不绝地夸赞孩子在任何事情上都非常出色，即使是在幼儿园完成的简笔画也是旷世佳作；他们让孩子误以为自己是完美的，不会犯错，甚至能创造奇迹，克服地球引力——与情感忽视类似，这同样不利于孩子的成长。无论如何，任何事情走向极端基本上都是不健康的；健康的养育方式介于两者之间，其中包含了破裂和修复，以及从错误中汲取经验。根据我迄今为止的临床经验，大多数自恋和自恋型虐待的案例都与幼年的虐待和忽视有关。不过，最近我开始看到一些案例，自恋型人格障碍似乎是由过度溺爱型的养育方式引起的。一方面，养育方式不断变化，折射出当下的社会和文化；另一方面，随着养育方式的改变，我们可能会看到更多被溺爱造就的自恋者。

这方面的研究表明，童年时期父母的以下做法可能与自恋型人格障碍的形成有关：

- 在幼年时受到严重的情感虐待或忽视。
- 父母的照料行为不稳定 / 不可靠 / 不可预测。
- 过分讨好子女，缺乏均衡的、真实的反馈。

- 对好的行为进行极端 / 过度的赞美，或者对所谓的坏行为进行极端 / 过度的批评。
- 父母、同龄人或其他家庭成员的过度溺爱。
- 被父母用作调节自身自尊的手段。
- 通过父母或同龄人学习操纵他人的方法（即从自恋的父母那里模仿或学习自恋行为）。

自恋型人格障碍的治疗

自恋型人格障碍是公认最难治疗的精神疾病之一。自恋通常与幼年的情感和心理创伤有关，治疗难度极大——事实上，真正的自恋者也是最不愿意寻求或接受心理咨询的人。如果他们参加治疗，通常也是为了以此来操纵某人某事，而且他们只会坐在那里抱怨一切都是别人的错，并会向咨询师描绘自己是如何成为受害者和被误解的。

他们甚至会将自恋型虐待复刻到医患关系中，企图打动和讨好咨询师。例如，向心理医生献上礼物和溢美之词，号称自己遇到了"最好的治疗师"和"唯一真正理解自己的人"；他们会吹嘘自己的人脉、资产，或者将自己伪装成"完美的"来访者，进而寻求心理医生的认可或钦佩。自恋之人很难承担起个人责任，几乎没有诚实自省的能力，因此很难真正投入到治疗之中。

心理治疗在大多数情况下都非易事。一旦自恋者受到质疑或觉得自己没有得到追捧，他们会像对待其他人那样立刻离开，结束咨询，并坚称治疗无用、咨询师无能。自恋者会把"接受治疗"作为筹码，间接操纵或折磨他们的伴侣或所在机构。每周几次的"无脑"打卡和积极参加治疗是完全不同的。

如果你有过和自恋者相处的经历，无论是否已经离开，请不要因为"放弃"他们而感到自责，或者对"治疗效果"抱有憧憬。自恋者往往无法改变其本性，并且对咨询与治疗有强烈的排斥。请不要幻想感化或修复他们，你只需对自己负责。自恋者不会愿意或也不会真的承担任何责任。你无须为他们负重前行，请你照顾好自己。

❧ 反思时刻 ❧

- ✦ 从自恋型虐待中康复的第一步是识别出生活中的自恋者。
- ✦ 你对这位自恋者的幼年生活经历了解多少？那些经历是否与塑造自恋型人格有关？
- ✦ 自恋者分为不同的类型，即显性和隐性。二者都会发生自恋型虐待。
- ✦ 自恋型人格障碍（NPD）与自恋特质是不同的。

请注意：了解自恋者的幼年生活有助于理解你们之间的关系。但请记住，这只是为了帮助你理解，并不是要你对自恋者的经历感到抱歉或负有责任，也不是要你去修复或拯救他们。康复之旅完全是围绕你展开的。

02 什么是自恋型虐待

　　归根结底，自恋是人们对抗内心深处强烈羞耻感的一种防御机制。羞耻感很可怕，它传递出的信号是：我们是有缺陷的、无用的、没有价值的、不值得被爱的。对于自恋者来说，这种羞耻感加重了内心深处的痛苦，在心理上根本无法承受，也会击垮他们脆弱的自我。于是，他们启动了自我防御机制，做出了一系列破坏性的行为，就是为了让自己远离内心深层的痛苦；而当上述行为波及周围人时，它们往往演变为不同形式的虐待。虐待可以是情感上的、心理上的、身体上的，也可以是性虐待、经济虐待或精神虐待。

　　任何形式的虐待都是虐待，都是绝对不被接受的。

　　身体虐待是清晰可见的，以瘀青或割伤的形式存在，其结果无可争议。与之相对的自恋型虐待又称"隐性虐待"，具有隐蔽性和渐进性，在初期尤其不易被察觉，旁观者无法看到施虐的痕迹；再加上其操纵性，以至于受害者都不确定他们所经历的是否构成虐待。在自恋者的诱导下，许多受害者反而觉得他们只是太敏感了，反应过度，无端猜疑，一切都是自己的问题。自恋以及相关情感虐待的一个关键特征是事后声称是你的错，你才是罪魁祸首，你应该受到责备。这种虐待导致的典型后果是，受害者开始否定甚至怀疑自己的判断——这是自恋型虐待的基本特征。

自恋型虐待的其他特征包括：

侵犯界限：自恋者没有边界感。他们对别人的私人空间或物品也几乎不尊重。界限对于健康的人际关系至关重要，包括身体界限、性界限、心理界限、情感界限等。对自恋者而言，他们的需求或欲望总是优先的，并愿意为了达到目的而装出一副谦让的姿态。

否认：完全无法接受或承认任何真相、责任或错误。自恋者对真相的否认程度及与之并存的"迷之自信"，可能会让人惊愕不已（我遇到过某些极端自恋者会坚称晴朗夏日的天空不是蓝色的）。

贬低：与"理想化"（见下文）相对。贬低是指凸显或强调他人的错误或缺陷，打击对方，从而让自己感觉良好。

分而治之：通过理想化、贬低等操纵方式，自恋者将目标对象从人群（家庭或职场）中分化出来，这会给自恋者带来一种掌控感。"分而治之"描述了自恋者将目标孤立起来的过程，无论是目标对象主动为之还是被他人排斥，这个被选中的目标随即会感到格格不入——原有交际圈的分崩离析使其被猜忌、不信任、怨恨和竞争包围，为自恋者的操纵制造了可乘之机。

情感勒索：这包括任何对你的威胁和恐吓——惩罚、愤怒、挑衅、冷暴力等。情感勒索旨在引发恐惧、内疚和顺从的感觉，是自恋者的惯用手段，并且不计后果。他们通常会否认自己的操纵行为，或者使用其他策略将事情转嫁到你身上，暗示是你小题大做或过于敏感。

利用：自恋者会利用他人来服务于自己的利益和野心。他们不会对此犹豫。这算得上是他们的第二天性。

指责他人：自恋者永远不会真正为自己负责。他们从不（或很少）道歉，因为觉得没有必要。相反，他们会试图通过指出其他人做了什么或没做什么来避免任何指责、责备或责任。在任何争论或纠纷中，自恋者会非常熟练地将焦点转向其他人，让别人觉得他们才是有错的一方。他们通过不断指责他人的言行举止，将自己置身事外。

钓鱼（情感诱导）：自恋者就像渔夫一样，会抛出情感上的"钩子"以捕获他们的晚餐。他们会精准投放诱饵以钓到目标对象。找到自己的软肋，这对你躲避鱼钩是有帮助的。你以前都是被什么给勾住的？——是你的负罪感吗？是他们的言行令你感到恐惧或焦虑？是你觉得自己需要被拯救或被修复？意识到诱饵的存在才能躲避鱼钩；觉知是改变的第一步。

情感操控（煤气灯效应）：这个术语描述的是自恋者通过操纵性的言行，让你开始质疑自己，怀疑自己的判断、感知或看到的事实。这种操控手段具有极高的心理虐待性，危险性不言而喻。在煤气灯效应的影响下，你会逐渐失去对自我的信任，有时会觉得自己正在失去理智。在极端状况下，它可以导致精神崩溃。

突然失踪：自恋者不会为关系的终结留下任何解释或说明。他们可能会毫无预警地终止所有联系和沟通，像幽灵一样消失无踪，给当事人带来心理创伤。

理想化：对个体或组织表现出极端的崇拜。自恋者以及众多性格扭曲之人往往以两极分化的视角看待世界——非好即坏，非黑即白。通过理想化，某人或某事被捧上神坛，是自切片面包以来最美好的事物，是完美无缺的。自恋者也需要从他人那里寻求类似的认可。在他们的成长环境中，自恋者的父母可能会采取理想化的态度——将孩子捧得高高的，仿佛他们具有超能力；抑或走向另一个极端——疯狂贬低孩子，认为他们永远不够好。

矛盾行为：自恋者奉行的唯一行事原则就是前后矛盾。无论是语言上还是行动上，他们说一套做一套，完全不一致。例如，他们发誓想和你在一起，但行动上却十分冷漠，或者尽管做出了承诺，但却无法兑现承诺。

孤立：任何类型的施虐者最终都会试图将受害者与朋友、家人或同事隔离开来。当人们被孤立时，他们更容易受到操纵、控制和虐待。自恋者旨在通过各种方式实现这一目标，包括装作把你的最佳利益放在心上，他们会说"那些朋友对你没有好处，他们配不上你"，或者坚持让你放弃工作，由他们全权照顾（财务控制）。通过负面的评判、情感操控和操纵，自恋者慢慢地将你从亲友中隔离出来，造成你对他的过度依赖。

评判：这是一种常见于自恋者的防御机制，他们会对其他人的行为、选择、言语、外貌、能力等做出严厉的负面评判。对他人进行评判可以使他们对自己感觉更好，也有助于他们保持优越感。

甜蜜炮弹轰炸：用爱、关注、赞美、表扬和礼物连番轰炸以获得目标对象的兴趣和"爱"。甜蜜炮弹轰炸的终极目的是操纵和控制。

撒谎：这对任何自恋者来说都是标准行为，可以是对事实的轻微夸大，也可以是完全彻底的捏造。他们甚至能够创造出虚假的身份，并在面对直接质疑时面不改色地否认。

投射：暗示或指责你才是有问题的人。他们会把自己的情绪感受说成是你的——"你太偏执/敏感了""你太自私了""你好像有事瞒着我""你的控制欲很强"，甚至"你是个自恋狂"。

推卸责任：换句话说，就是不承担任何责任。对于自恋者来说，他们绝对不肯承担个人责任。一切都是你和其他人的错误、问题或责任。他们会想说服自己和他人，他们才是受害者。"我出轨是因为你不在身边……如果你一直在，我就不会出轨了。"要不要出轨是可以选择的——这是他们的选择，也是他们的责任。

诽谤：这是一种极端的贬低形式。自恋者散播谎言和谣言以伤害他人，从而获得权力和控制感。

幼儿般的发脾气：自恋者傲慢的面具之下，潜藏着一个情感发育迟缓的孩子（通常不超过四五岁）。他们的情感表达能力远不如成年人，因此会以非常幼稚的方式做出反应。例如，任性地摔东西，大声叫喊，暴跳如雷，沉默不语——目的是进行情感操纵。为了提升自身的满足感，他们经常评判或贬低他人，或者采取尖酸刻薄的、敌对的态度。这能让自恋者自我感觉良好，或许也能缓解他们内心深处的混乱（自恋者不知道该如何处理这些情感）。

争强好胜：许多自恋者热衷于攀比，渴望在成就、财富方面压倒对方，成为万众瞩目的焦点。自恋者很难为他人取得的成就感到高兴。"争强好胜"还体现在对病情的夸张描述上，例如，如果你有头痛等症状，他们会声称自己患有脑瘤。这种心态助长了竞争和欺骗行为。

言语虐待：这涉及一系列行为，既可以是隐晦的贬低（模棱两可的讽刺）也可以是公然的辱骂（大喊大叫）。其他类型的言语虐待包括羞辱、指责、强迫、操纵、讥讽、批评、诋毁、打断对方、不让对方说话、不听对方说话和嘲笑等。冷战也属于言语虐待。

暴力：主要是指身体虐待，例如殴打、推搡、扯头发、打耳光、扔东西或以其他方式对你的人身安全或财产造成伤害。自恋者也可能有暴力倾向；但据我观察，自恋型虐待常以更复杂、谨慎和隐蔽的方式进行。他们不希望留下任何可以清楚辨别其行为的物证或痕迹，而是选择那些可以轻易否认的隐蔽手段。

隐瞒与保留：自恋者渴望权力和控制，而隐瞒与保留正是他们维系这种感觉的方式。他们通过操控金钱、沟通、情感等来控制节奏，主导局势。

识别自恋型虐待的迹象

自恋型虐待在初期可能很难识别，尤其是当你身处其中时。与自恋者建立关系，并经历上述任何一种特定形式的虐待，通常会让人感到混乱和不安。这在心理和情感上都是极具伤害性的。自恋者的目的也就达到了：当我们措手不及、震惊或困惑时，我们更容易被操纵；我们很难保持头脑清醒或以清晰的视角看清现状。另一个让自恋型虐待难以被识破的原因是，一切在一开始都很好，与自恋者相遇和约会的那段美好时光就像一场梦……然后就变成了一场噩梦。最初的美好时光，如梦如幻；但如果事情美妙得不像真的，通常是因为它们就是假的。这本身就是一个预警信号，只是我们往往没有察觉或不愿意接受。

自恋者将能够满足其自恋需求的人锁定为目标，换句话说，就是那些具有一定名望和地位的人，或者能够持续提供赞美、倾慕和关注或能增强其财富与社会地位的人。自恋者通常在相遇或约会的初期以"甜蜜炮弹轰炸"的方式来捕获人心，这足以让对方目眩神迷、麻痹大意。当虐待的征兆渐渐浮现，许多人已经被前几个月的爱慕冲昏头脑，沉浸在幻觉之中，放松了警惕。他们甚至会选择忽视预警信号，对情况好转心存幻想。无论如何，由于自恋者的行为前后反差太大，受害者确实容易落入陷阱。不过，重要的是记住，轰轰烈烈的假象不等于真正的亲密关系，尽量不要把这二者混淆起来。

当明确的虐待行为开始出现时，我们根本无法理解——为什么有的人前一刻还是美好善良的，下一刻就变得如此可怕尖刻？这种转变带来的冲击会让我们怀疑这一切是不是真的——也许只是我在想象，或者是我搞错了？在某种程度上，我们的心态还停留在被爱轰炸的阶段，那种强烈的爱慕将我们紧紧包围，然后周复一周、月复一月、年复一年地过去。从某种意义上说，我们被自恋者拉入一种强迫性的上瘾状态，因而拼命想要保持或重现那些最初的、偶然的美好。我的一些客户在被虐待几十年后，依然幻想着他们的自恋伴侣会改变。人们沉迷于幻想中，幻想事情会变成什么样，或者幻想自己希望事情变成什么样。这一切都掩盖了人们对现实的看法，而被扭曲的现实本身就表明这段关系是不健康的，具有潜在的破坏性。要摆脱这种状况，走上康复之路，需要一些关键的基本要素。首先是拥抱现实，从幻想或理想主义的思维方式转变为立足于现实的视角，客观，脚踏实地，活在当下。同时，照顾好自己——你的自尊、自我价值、自我关怀、自我同情、自我宽恕，以及沟通和界限的问题。所有这些内容都在后续章节中有所述及。

⭕ **反思时刻** ⭕

◆ 在你心中所想的那个人/那些人身上，你识别出了哪些具体形式的自恋型虐待？

◆ 你的脑海中是否有这方面的具体记忆或例子？

◆ 你当时的感受如何？你的反应如何？当时发生了什么？

◆ 你现在对此有何看法和感受？

◆ 为了照顾好自己，你现在需要什么？你希望得到什么？今天你可以做些什么来满足自我关怀的需求？

第二部分
自恋者与你

关系陷阱

如何识别与应
对面具下的极
端自恋者

03 你的秘密武器：信息

在康复过程中，我们需要用尽可能多的有关自恋和自恋型虐待的信息来武装自己。

知识就是力量。

值得庆幸的是，近年来公众对自恋和自恋型虐待的认识有了巨大提升。这对于提高整个社会的警觉性至关重要，它使我们能够在各种社交场合，例如人际交往、职场、家庭以及其他生活领域中及时察觉自恋型虐待的迹象。随着人们意识的觉醒，变革也随之而来。识别出自恋行为的蛛丝马迹是走上康复之路的第一步。通过学习识别这些迹象，你将获得必要的洞察力，并能避免在未来再次与自恋者纠缠不清。

我在诊所见证了这种公众意识的觉醒。就在几年前，来访者到达诊所的第一件事是抱怨自己"快要疯了"，他们希望学习如何以某种方式改变自己，或者成为一个"更好"的人、更好的伴侣、更好的儿女和更好的员工，所有这些都是为了赢得自恋伴侣、自恋父母或自恋老板的认可，让自己得到爱、尊重和承认，让动荡平息。许多人寻求心理咨询是为了找出自身的问题所在——为什么自己不够好，为什么自己的付出不能让对方满意——这通常是他们落入关系陷阱的重要判断依据。毕竟，一段关系至少需要两个人参与其中。如果对方是自恋之人，那么他可能会让你觉得这都是你的"错"，都是你的责任。这符合自恋型虐待的特征；受虐者渐渐感觉自己"低人一等"、永远无法满足对方，从而深陷在自我贬低的漩涡中。

就在几年前，诊所接待的来访者无一听说过"自恋者"或"自恋型虐待"这样的概念。他们深信问题出在自己身上，他们身边的自恋者也会鼓励、强化这种想法。我再强调一次，任何的关系问题都必然涉及不止一个人，因此不止一个人在关系的运作中扮演了角色并分担着责任。与自恋者交往的挑战就在于他们不愿也不能为自己负责。这就是为什么自恋者会把"都是你的错""都怪你""你要负责"挂在嘴边。这种想法是幼稚荒谬的借口，是自恋的直观表现。然而在当时，许多来访者固执地认为自己可以为一段关系背上所有罪责，却忽视了关系是双方互动的结果。令人欣慰的是，现在越来越多的来访者在寻求帮助时开始思考:"我经历的是不是自恋型虐待?""我的伴侣可能是自恋者。""我的上司是个自恋狂。""我的妈妈有自恋特质吗?"

同样值得高兴的是,这些术语在主流社会中愈发地被公开讨论,人们对自恋行为和隐性虐待有了更进一步的认识。互联网、图书和杂志不断呈现相关信息,这种意识正日益融入我们的思想,真正帮助我们自己及亲朋好友提高警惕。我鼓励你尽可能多地获取信息,特别是在了解或应对自恋型虐待的初期阶段。你可以阅读相关书籍、博客,参与论坛讨论,观看视频,并与那些可能理解或已有相似经历的人交流。这些资源可以帮助你更深入地理解自恋现象,并对自己的遭遇形成初步认识。了解自恋型虐待的本质有助于人们认识到问题不在自己身上——而在自恋者及其施加的虐待行为上。这对你治愈自己而言是至关重要的领悟。

作为补充信息,我将列举那些来找我咨询的来访者的各种情况(无论他们当时是否意识到自己正在经历自恋型虐待)。一般来说,许多客户在经历了自恋型虐待之后会感到自卑,自我价值感低,自信心缺失,并且经常充满自我怀疑——即便他们往往成就卓著、事业有成,有很强的自我驱动力。他们承受着巨大的压力,伴随着焦虑和恐慌,常常处于崩溃的边缘。许多人对于自己为何会陷入这样恐怖的境地感到迷惑不解。

来访者的常见经历可以概括为:

- 困惑感——对这段关系、自己的判断和对事情的看法产生困惑。

- 自尊心低下。

- 有强烈的"我不行""我不够好"的感觉。

- 自我怀疑。

- 令人痛苦的自我意识的丧失："我不知道我是谁了。"

- 恐慌或焦虑。

- 抑郁或绝望。

- 出现创伤或创伤后应激障碍（PTSD）的症状。

- 饮食过量或摄入不足。

- 睡眠紊乱：夜间突然惊醒，无法入睡，过度睡眠。

- 紧张不安。

- 偏执多疑。

- 强迫性的行为／习惯。

- 孤僻，缺乏社会支持，感觉被朋友或同事忽视或不被理解。

- 有内疚和羞愧的感觉。

- 疲劳。

- 否认。

- 缺乏个人的界限；无法说"不"。

- 频繁出现与压力相关的身体健康问题（例如肠胃炎、

疼痛、皮肤问题、自身免疫性疾病等）。

- 压力和倦怠。
- 出现自杀的念头和情绪。
- 在极端情况下，感觉自己处于神经衰弱的边缘或完全崩溃。

如果来访者最近经历过或正在遭遇自恋型虐待，他们在第一次或早期的心理咨询中会有如下表述：

"我觉得我快疯了。"

"怪我，是我的错。"

"我怎么做都不够。"

"我就是最大的问题。"

"我应付不来。"

"我搞不清楚发生了什么。"

"我不够好。"

"是我的问题还是他们的问题？"

"我很迷茫。"

"我都不知道我是谁了。"

"我神经兮兮的。"

"我不再相信自己的判断。"

"我感到内疚。"

"应该由我做出改变。"（"这是我的责任。"）

"如果我能……就好了。"（"那么这段关系就会好起来。"）

"这全都取决于我。"

"简一直告诉我说，我应该去找人谈谈自己的问题。我自认为将她照顾得很好。我努力工作，处理家务，支付所有账单，每个月给她生活费。我会安排假期、给她买礼物，但是简依旧不满足。她会给我压力，唠叨着朋友或邻居又置办了什么。如果有人买了新电视，我们就得买一台更大、更好的。为了息事宁人，我都会顺着她。我想让她开心——这对我来说很重要。她不开心，我就难过。我甚至感到内疚，觉得这是我的错、我的责任。

我们经常争吵，起因都是极小的事。有些时候，我被她的歇斯底里弄得晕头转向，说实话，我甚至不知道我们在吵什么。不能给她幸福，我觉得自己一无是处，不是一个合格的男人。我们也不是没有过快乐。刚在一起时，她表现得相当出色，爱我、关心我，是我的狂热追求者。真的，我没有夸张，她说我是全世界最好的伴侣，是她命中注定的男人。后来热度就慢慢消失了，她的抱怨越来越多，我逐渐崩溃，工作也受到影响。我压力很大，焦头烂额。

我八岁时父母离异，我是看着母亲的挣扎长大的。父亲是个赌鬼，根本不管我们的死活。我痛恨半途而废，坚信男人应该照顾好自己的另一半。母亲吃了很多苦，患上了抑郁症，尝试过自杀,她真的太难了。我发誓不要成为父亲那样的人。看到简闷闷不乐,我非常痛苦。我想让一切都好起来,但她却更加认为她的不满是我造成的。如果我表达自己的想法,她就会说我有问题,让我去看心理医生。现在回想起来我觉得荒唐。最后我真的绝望了,预约了心理医生,但我庆幸自己没有爽约。

我很幸运地遇到了一位了解自恋行为的咨询师。我向他解释了我的处境,以及我的无助和绝望。我觉得自己完全是咎由自取。咨询师很快就指出问题不只是我一个人的,而是关系中的两个人相互作用的结果。通过心理咨询,我知道了什么才是健康的关系,它需要两个人的共同努力。我带着太多的包袱进入这段关系,尤其是抱着一些刻板的'男子汉'的责任感。我现在意识到,我并不能完全为她或其他人的幸福负责,也不能对任何人的情绪或行为完全负责。和简交往时,我隐隐抱有这种想法,但还是觉得自己有责任。当简出于自身需要而逼我去接受心理治疗时,我的自尊心跌到了谷底。然而,正因如此,我才找到了转机。

虽然有时很痛苦,但是在咨询师的帮助下,我渐渐明白了自己早年的经历,以及我目睹母亲所经历的一切是如何扭曲了我对健康关系的理解。我还承担了不属于我的责任。我不想让这段关系失控。现在我学会了照顾自己,把自己的需要放到优先的位置。我明白了人际关系是两个人的事,像简那样不断指责其中的一方,不仅不公平,而且是一种虐待。我从未想过自已会身处一段虐待关系中，但我确实落入了陷阱。久而久之，我的自信和自尊都被磨灭了。我在心理治疗的过程中找回了自尊心，学习了健康的界限，结束了与简的有毒关系。我们在一起五年了，而且订了婚。我给她买过一枚昂贵的订婚戒指，后来她把戒指卖了。分手几个月后，她已经和别人在一起了。这更加坚定了我的信念，也让我释然，我做了正确的事情。我现在和一个很棒的女人在一起，她支持我，爱我本来的样子。我拥有了一段彼此尊重的健康的关系。"

用有关自恋和自恋型虐待的信息武装自己，可以帮助你实现关键的观念转变。希望你能从认为"都怪我"和"是我的错"转变为理解这是由于与自恋者交往而导致的感受。这些信念和感受是处于不健康的、有毒的关系中的症状。在多数情况下，经历过自恋型虐待的人在接受咨询时，会觉得自己失去了自我，失去了理智；如果你有同感，我想向你保证，虽然有时你可能会有这种感觉，但事实并非如此。这种动态关系本身就会让你觉得自己快疯了，这是一种功能失调的症状。一旦摆脱了有毒的或虐待性的关系，你将迅速恢复理智。

阅读资料，研究自恋型虐待的相关问题是康复的基础。它可以帮助你理解为什么有的人会变成这样——这不是你的错，不是你的责任，以及你需要为自己努力，为了自己的疗愈而前进。你可以享受更健康、更有价值和更充实的人际关系。此外，它可以为你的遭遇提供解释，为你心中的疑惑提供一些答案——尽管有些疑惑注定无解。它可以帮助你理解那些让人感到抓狂，甚至毫无道理的情况。它可以帮助你放下执念，不再痴迷于让自恋者看到或理解自己，不再试图改变他们。对许多人来说，第一次意识到自己正在或曾经与自恋者交往是一件相当令人震惊的事。掌握信息很重要，同样关键的是，你要善待自己。

☞ 反思时刻 ☜

* 你最初是如何怀疑或意识到自己遇到了自恋者的？
* 他们的哪些行为或举动让你察觉到异常？
* 这段关系对你产生了哪些负面的影响？
* 此时此刻，你对自恋和自恋者有哪些了解？
* 在这个阶段，你需要做些什么？
* 你还有其他想法或思考吗？

04 戏剧三角

自恋者通常会将你卷入一种名为"戏剧三角"的动态关系，这些角色在自恋型虐待中轮番登场。"戏剧三角"代表一种破坏性的社会互动和冲突模型，最初由精神病学家斯蒂夫·B.卡普曼（Stephen B. Karpman）在20世纪60年代末提出。它主要在人际沟通分析中使用，用来说明和描绘关系中的紧张、戏剧化的冲突场面。

卡普曼"戏剧三角"中的三个角色是受害者、迫害者和拯救者。

受害者："受害者"的自我定位是"我真可怜"。处在这个位置的人认为自己被欺负、被刁难、被迫害、被压迫，无助且无望。扮作"受害者"是为了保持一种无助的姿态，因此他们不太可能或没有动力对自身行为或情况承担责任。作为受害者有不少好处——可以指责别人，也有其他人愿意前来救援。

迫害者：“迫害者”是发起攻击的欺凌者，他们是隐性虐待中典型的自恋者，占据着责备、羞辱、控制、欺负、压迫、专制、威胁的立场。自恋者通常将个体或机构作为指责或批判的目标。

拯救者：“拯救者”往往是促成者、取悦者、修复者或帮助者，厄科式的依附者、依赖共生关系中主动付出的一方都是典型的拯救者。拯救者对受害者真实的或伪装出的“无助”做出回应。处于“拯救者”位置的人会代表“受害者”承担额外的责任。通常情况下，自恋者身边的“拯救者”会在焦虑、恐惧或内疚的驱使下扮演这个角色。拯救者的施救阻止了受害者对自己负责。“拯救”行为使得不健康的、有毒的关系得以延续。

自恋者会在上述三个角色之间娴熟地切换，他们最常扮演迫害者或受害者的角色。然而，他们也可以借助拯救者的位置来控制和操纵。通过角色的不断变化，三角戏剧接连上演——自恋者设法将其他人“拉”入剩余的两个位置，从而在关系陷阱中制造戏剧性的冲突、上瘾的行为以及有害的互动模式。一旦被拉入“戏剧三角”，人们可以在不同的情境下移动到不同的角色位置，而持续的位置转换维系了戏剧和冲突，也就是不健康的关系本身。

例如，自恋者一开始可能会把自己放在"受害者"的位置上，到处宣扬某人或某组织对自己有多么的不堪。他们会详细说明自己遭遇的不公，论证对方的言行是多么的不恰当、不专业、有控制性或攻击性，并以各种方式将"他人"描述为可怕的、不公平的迫害者或欺凌者。实际上，这未必全然是事实。通过扮演"受害者"，同时指证他人的恶劣迫害行径（不承认自己在其中有任何责任），他们试图吸引"拯救者"和同情者进入"戏剧三角"之中——"受害者"的无助或痛苦触动了伴侣或朋友的同情心和关爱本能，促使他们介入，尝试去拯救、修复、安抚或照顾"受害者"。

"我的女友时常说起她在工作中与人闹翻的事，特别是她和几任上司之间的冲突。在我们交往的头五年里，她做过四份不同的工作，每次离职的原因都一样——与老板和同事严重不和，其中一次甚至闹出了法律纠纷。每一次受委屈的都是她，她遭到了同事的虐待和不公平对待。每次都是别人的错——这是治疗师和我谈论职场问题时指出的规律。我这才意识到，每当女友抱怨同事有多糟糕的时候，她都在扮演受害者。

她从不检视自己在其中的作用（这跟我们两个人的相处模式很像），只责怪他人，自怜自艾。每次我都会同情她，为她感到难过。我会安慰她或尝试找到实际的办法来帮助她。然而，每当我这样做时，她就会反过来攻击我，说我的方法压根没用。这是一个恶性循环。我总是卷入为她感到遗憾的情绪中，甚至想要为她负责，就好像这是我的错，我要去解决它一样。应该没有人愿意看到自己所爱的人受苦，但是这种重复的模式让我发现：她才是痛苦的始作俑者。

即便如此，每当我想帮忙时，她都会让我觉得自己毫无用处。我提出的建议总是不合适，我搞不清状况，我好蠢……到最后，我都不知道该怎么办了，做什么都不对。和治疗师聊起这件事时，我才开始理解"戏剧三角"，我的女友能够一瞬间从受害者化身为迫害者，而我则在一旁焦急地试图让一切好转。我越是看清这一点，就越能抵制被拉入其中。

我开始明白，这是她自己的问题，她不是完全无辜的，所以她有责任去解决它，但是她不愿意。她只会越过我，不再向我倾诉，然后去找其他人，将新的目标拉进这场戏。我因为不能理解她、不够优秀而被排除在外，这反倒让我松了口气。她在工作中也一定是这样做的。我瞬间开窍了。和我在一起的时候，她也总是把事情说成是我的错或我的责任。我们最近分开了，虽然还没有完全适应，但我更快乐、更有信心了。我很清楚哪些是我的责任，哪些不是。和"戏剧三角"相比，我更喜欢简单、直接的生活，演戏太累了。我很高兴自己摆脱了这一切。我能松弛下来，睡个好觉。"

当一个人，也就是你，决定离开"戏剧三角"，并坚决不再重蹈覆辙时，你与自恋者之间持续不断的戏剧、冲突或虐待才能结束。认识到"戏剧三角"的运转可以帮助你在遇事时提高警觉。你越是能辨识出每个角色的迹象和特征，以及你自己想要转向某个角色的内心冲动，就越容易防止自己牵涉其中。用心感知和自我关怀至关重要。如果你想彻底告别自恋型虐待，答应自己，不要被"戏剧三角"迷惑。觉察到"戏剧三角"中发生的一切，你才能在漩涡之外找到应对之法。

⌐❂⌐ 反思时刻 ⌐❂⌐

◆ "戏剧三角"模型适用于你周遭的人际关系吗？

◆ 你辨识出了哪些角色？

◆ 你频繁地陷入哪一个角色？你打算如何识破这一处境？

◆ 在你进入某个位置之前或充当某个角色之时，你经历了什么？这或许是导致你走向特定角色的触发因素——焦虑、内疚、责任感还是其他？

◆ 你要怎么做才能避免被卷入"戏剧三角"的漩涡？

05 幻想与真相：回到现实

　　许多与自恋者有恋爱关系的人可能会长期滞留在有毒且不健康的关系中，其中一个原因是他们花在幻想中的时间多过了立足于现实的时间。对自恋者的一厢情愿亦如梦幻泡影。

　　在幻想中，我们很容易相信自恋者的谎言。我们甚至会为他们的行为辩护，安慰自己以及关心我们的人——没关系，事情没有那么糟。我们对自恋者满怀期待，等他们变好，等爱意重燃。这些异想天开并非毫无根据。初遇时的甜蜜攻势过于猛烈，自恋者制造的第一印象美好且持久。这场虐恋的开端无疑是美妙的，令人心醉不已，飘飘欲仙。大多数情况下，自恋者在我们感到脆弱时出现，解救我们于危难之中——我们变得依赖，以为自己再也离不开他们了。他们当然会许下各种承诺，说出浮夸的誓言。然后情况就变了，虐待行为逐渐浮出水面，隐性的乃至公然的虐待开始了。接下来，可能又会上演一轮甜蜜炮弹轰炸，我们再次被拉回到幻想中……几个月、几年甚至几十年，自恋型虐待、背叛、谎言、创伤和破碎的承诺接踵而至，沉溺于幻想中的人们还在等待有一天他 / 她会再次变得善良、美好、甜蜜、浪漫、体贴，就像"他 / 她一开始的样子"。这些幻想使我们的大脑无法与现实同步。

厄科式的依附者、依赖共生关系的当事人以及爱情成瘾的伴侣们也抱着同样的幻想。即使知道自恋者的行为实属虐待，他们内心依旧有一种危险甚至带有自恋色彩的想法，那便是他们有能力将自恋者改造。理由或许是"我是唯一懂他的人""我见过'真实的她'——她的那一面只对我开放""我看到过他们的脆弱""我们心灵相通""没有人爱得比我深（或反之亦然）""他们答应过的"。别再幻想了，正是这些想法构成了有毒关系的内核，它们本身也有自恋的成分。你设想自己是一个"殉道者"，以为自己拥有某种超能力，能够改变他人的本性和毕生习惯。这是不可能的。这更不是你的责任。说到底，你为什么要改造其他人呢？

作为心理学家，我想向你阐明一点：自恋型人格障碍是临床治疗中最棘手的问题。哪怕是资历深厚、技艺高超的心理医生，也只有在来访者展现出极高的治疗动机并积极配合的情况下才有可能将其治愈。既然如此，普通人想要引导自恋者蜕变无异于缘木求鱼，几乎不可能达成。更重要的是，再说一次，你为什么要这么做？这个问题值得深刻反思，这份执念更多映射出的是你自己内心的困扰，而不是自恋者的问题。

在健康的、情感成熟的关系中，成年人要对自己以及自身的行为和选择负责。自恋者和依赖共生关系中的伴侣倾向于争辩说"是他／她要我这样做的""是你让我有这种感觉""如果你没有那样做，我就不会生气／撒谎／出轨"等。他们将责任推出去，认为别人理当对他们的幸福和个人选择负全部责任，或者反之，他们试图对他人的情绪或行为负责，这些都是不健康、不正常的表现。这不过是一种幻想。不要误会我的意思——我们当然会在某种程度上受到其他人言行的影响，我们又不是机器人。但关键在于，我们要对自己接下来的行动负责，对维护自己的界限负责。归根结底，我们要为自己的幸福、福祉和个人选择承担起责任。

继续忍受不断升级的虐待行为是有害的，在极端情况下可能会危及生命。在自恋型虐待这样的有毒关系中，破坏性和毒性往往以隐秘的方式缓慢滋生，不易被察觉。施虐者的情感操控更是能让人质疑自己的感受，甚至怀疑某些虐待事件是否真的发生过。我们会想，也许是我们过分解读了、想太多或反应过度了。自恋者会很乐意向你灌输"你太敏感"的暗示。当你觉得"是我错了"的时候，他们就得逞了。在自恋型虐待的阴影下，受害者往往认为自己罪有应得，因为原有的自尊和自信已经被这段关系消耗殆尽。

追逐权力、名声或成功的利己主义者和他们明显的、自私自利的行为很容易被人察觉。但自恋者不只有显性的、迷人的"交际花"类型。隐性自恋者散发的魔力更为复杂。请务必牢记自恋者的基本特征，例如：他们无法为自己负责；他们习惯性地推卸责任；他们必须优先得到满足；他们运用各种操纵手段来达到目的；他们渴望高人一等、与众不同；他们总是对他人指指点点。当你开始意识到自己可能正遭受自恋型虐待时，请尽可能诚实、客观地评估自己的经历——这个过程很艰难，也不会令你感到愉悦，但它能够让你重新以一个平衡的视角来看待一切。想要治愈自己，就必须抛开幻想，花更多的时间脚踏实地，面对现实，即便这在短期内常常伴随着痛苦。

将感受写下来

我相信并提倡写作的力量——动笔将自己的感受写下来。逐字记录的过程可以帮助你更客观、真实和平衡地洞察身边发生的事。我建议你养成写日记或随笔的习惯。如果你还没有这样做，不妨现在开始吧。把你的想法、感受和经历转化成文字有诸多益处。它可以帮助你理解所发生的事情，起到宣泄和净化的作用。它可以帮助你发现和表达情感体验，无论是愤怒、悲伤、沮丧、困惑还是恐惧。它还可以帮助你对人际关系进行客观评估。你可能会发现以一种系统化的方式进行写作，就像做盘点一样，会更有效。以下问题将引导你对特定事件和经历进行诚实的评价。不过，如果你偏爱自由写作，那就尽情地去写吧——无论哪种方式，你喜欢就好。

结合自己的经历回答如下问题：

1. 发生了什么？

2. 最糟糕的部分是什么？

3. 他 / 她 / 他们做了什么？

4. 我做了什么？

5. 我的感受如何？

6. 对于自己和现状，我会自动想到什么？

7. 如果我爱的人也遭遇了类似的事，我会对他们说什么？家人或好友对此会怎么说？

8. 我需要做什么吗？有什么是我现在就可以为自己提供的？

反思时刻

- 我是否对某段关系或某种情况产生过"幻想"？

- 幻想或期待的具体内容是什么？

- 现实中发生了什么？

- 哪些事、哪些话或哪些感觉触发了我的幻想？

- 是什么让我陷入幻想，远离现实？

- 为什么会这样？这其中是否有什么特定模式？

- 抛开幻想和执念。自恋者不会改变。

- 当我再次有这样的"幻想"时，我如何更好地照顾自己？

06 发现征兆（上）

觉知是改变的第一步。

要想打破关系陷阱的魔咒，不再被自恋者蛊惑或将他们招揽到身边，你需要练就一双慧眼，争取能在百米之外就将自恋者的把戏戳穿。在现代社会，自恋特质随处可见；个人主义的盛行更是为追名逐利提供了借口。登入任何一个社交媒体平台，用不了多久，你就能发现自恋者的身影；那里是自恋者的乐园，是博取眼球、贪慕虚荣、自我迷恋的完美舞台，源源不断的关注、仰慕和赞赏满足了他们内心深处的需求。自恋行为已经成为虚拟网络空间的"新常态"。

我们还生活在一个负能量爆棚、人与人日益割裂的社会，竞争意识、目标导向、销量为王、个人主义和拜金主义备受推崇。这一点在过去十几年"名人文化"的兴起中体现得淋漓尽致。那些渴望成名的人追求认可、流量、金钱和名望，他们有着强烈的"成功"驱动力，而很少考虑他们的野心给其他人的价值观或诚信带来的影响。现在，一些年轻人都声称自己没有特别的志向，只想一夜成名。这种文化的变迁是自恋滋生的温床。当然，这并不是说每个有志向、有抱负的人，或者所有公众人物都是自恋者。自恋的特质也不等同于深度的人格障碍。可以说，我们每个人在某种程度上都可能表现出自恋的特征。然而，真正的自恋者通常很少（或者根本不会）进行自我反思，他们无法认识到自身的自恋行为。自恋者不在意自己的行为对他人造成的影响。如果他们在乎，通常也是虚情假意，或者只是为了操纵对方。

自恋者几乎无处不在，无论年龄、性别。没有足够洞察力的人很难发现他们，这也是为什么这么多人在工作、交友、恋爱时落入陷阱，并为此付出代价。任何结交过自恋者的人都会亲身体会到这种关系带来的虐待性、创伤性和不健康的影响。如果你有过这样的经历，那么学会如何识别自恋者就非常重要了，如果可能的话，远离他们；如果做不到（例如在职场上或家庭中），就想办法管理好自己和周围的环境，尽可能减少与他们的接触。坚守界限至关重要，如何管理情绪和与其进行沟通也是必须掌握的技能，这些内容我将在后续章节介绍。

早期的征兆

在前面的章节里，我对不同类型的自恋者做了分类，并揭示了他们的性格特点。随着交往的深入，自恋者那些有毒的行为也会变得一览无余。但是，我们是否能在深陷困境之前就通过早期的迹象识别潜在的风险呢？

传统意义上的显性自恋者总是充满独特的个人魅力，善于操纵和诱惑。那些更为狡猾、隐蔽的自恋特质则难以被人察觉，特别是交往初期的甜蜜攻势、体贴入微、赞美之词、慷慨礼物和诱导行为很容易让人麻痹大意。然而，这些行为本身就是最初的预警信号。在你们初次相遇时，自恋者会评估你能否充当他们的自恋供给，即你是否能够持续提供他们迫切需要的仰慕和关注，从而支撑他们脆弱的自我，维持他们的自尊和自我价值感，让他们觉得高高在上。对自恋人士来说，获得持续的关注和崇拜是非常重要的；为了得到这些，他们会不择手段地施展魅力、操纵或欺凌他人。他们会不断扩大搜索范围，物色新的目标。

自恋者蛊惑目标的第一步往往从"甜蜜炮弹轰炸"开始，包括但不限于礼物轰炸和赞美轰炸，他们会表现得异常细心体贴（例如默默记下你喜欢的乐队，然后送你演唱会的门票）。那些极端的显性自恋者会通过夸大自身成就来引起你的注意。

在恋爱关系中，自恋者倾向于过早表达爱意，并迅速将结婚生子提上日程。如果在相识几天之内就草草"定下终身"，通常会给未来的不忠行为埋下伏笔——这是大多数自恋者的通病。

隐性自恋者可能不容易被察觉，他们会利用自己的"脆弱"或通过"扮演受害者"来引诱你伸出援手，为他们承担责任。这只是他们试图获得自恋供给的另一种策略。对自恋者而言，任何形式的关注都是受欢迎的——哪怕是向别人渲染自己是如何被误解、被虐待的。这种类型的自恋者通常交往过一连串的"神经病"或"虐待狂"前任。要判断他们是否有自恋倾向，只需看他们是否承认自己在过往关系中也承担着某种责任。在我看来，所谓的"吸渣体质"本身就值得怀疑，因为它引发了一个关键问题：问题究竟出在谁身上？

极端自恋者会使出浑身解数，让你觉得自己获得了专属宠爱，他们会对你说："我们真是心心相印""你是我命中注定的伴侣""没有人像你这样爱我"（反之亦然）"你是唯一让我开怀大笑的人""和你在一起，我体验到了前所未有的感觉……这太不一样了""你的聪明才智令人敬佩，与你共事，我真的学到很多东西""从来没有人像你一样了解我""我从未如此心动""我从来没有过这种感觉……这一定就是传说中的真爱"。

自恋者的上述言行固然讨人欢心，但其核心目的在于评估你能否满足他们的自恋情结。你会轻易对一段关系的发展浮想联翩吗？还是你能脚踏实地、实事求是呢？对我来说，这意味着自恋者能否迅速蛊惑人心——他们布下的陷阱是由铺天盖地的浪漫和天花乱坠的誓言构成的，他们同时又是被误解的受害者，时时牵动人心。请记住，自恋者的考量永远围绕着你或他人能为他们带来什么利益，无论是自恋供给、经济收益、情感支持，还是成为他的替罪羊、社会关系、职位地位等。我明白这些话可能冲破了你的所有浪漫幻想，但如果事情看起来好得难以置信，最好还是不要相信。一切过于迅速的进展都是提醒你保持警惕的信号。请务必扎根现实，不要冲动。

> 健康的关系需要时间来培养。建立信任和真正了解一个人需要时间。如果一切来得太快，也许是自恋者在作怪。

可以理解的是，我们很容易被初期阶段的浪漫追求所迷惑。了解这些征兆并掌握其辨认方法是一个关键步骤，幸运的是，一旦掌握了这项技能，你将很难再对这些征兆视而不见。请保持头脑清醒，警惕潜在的关系陷阱。

如何学会这项技能，练就一双慧眼

这需要我们对疑似自恋者的言辞和行为进行全面且客观评估。行动比语言更有说服力。如果某个人的言行不一致，那就是一个预警信号。一定要看行动，不要只听语言。真正的道歉应该落实到行动上，而不仅仅是口头上。本书前面的章节已经涵盖了自恋的定义和核心特质。为了增强你的辨识能力，我们将列举更多与自恋相关的特点和行为模式。

- 极度的自我关注。自恋者会乐此不疲地整天谈论自己和自己的兴趣。他们极少问出关于你或你的生活的任何有意义的问题。如果你注意到他们毫不关心你的生活状况，那就说明你遇到了一个自恋者。

- 多亏了社交媒体，发现自恋者变得更容易了，从他们无休止的自拍和动态更新中就能看出端倪——尤其是照片中永远只凸显他们自己的时候。那些刻意显露性感、故意引起好奇的图片或发言，以及炫耀财富或地位的帖文，通常也是自恋的可靠征兆。

- 争强好胜，攀附名人。如果你认识或见过某个名人，或去过一家很棒的餐厅，自恋者保证遇到过更有名的人，经常光顾更好的餐厅。

- 他们会夸耀自己的才能和成就，同时贬低、批评和评判他人。他们会指出别人的缺点或弱点以夸大自己的成就，让自己感觉更好。

- 当你第一次与自恋者结识时，他们往往对你赞不绝口，展现出极具魅力和友善的面貌。他们甚至会慷慨地赠送礼物，带你去有趣的地方。这样做的目的

是让你觉得自己很"特别"。然而，其背后的真实意
图是操纵你的感受，以便最终满足他们自己的需求。

- 他们会许下各种浪漫美妙的承诺，让你满怀希望地
上钩，但他们的行动却与言辞不符。

- 当有人无法提供或维持自恋者所需的持续崇拜、钦
佩或关注时，他们就会迅速采取敌对、惩罚或辱骂
的行为，将受害者孤立起来，想方设法解雇或抛弃
他们，散布关于他们的谣言，对他们冷嘲热讽或以
沉默相待。

- 记住：行胜于言。

"刚认识迈克时，他体贴浪漫，对我倾注了赞美之词，送
来的礼物数不胜数，他甚至在我们相识不久就带我去巴黎度过
了一个惊喜假期。他符合我所有的期待，我确信找到了自己真
正的伴侣。迈克身上那股捉摸不透的魅力让我神魂颠倒。我想
成为那个真正了解他、爱他的人，也希望他好好爱我。事后看
来，甜蜜的生活只维持了几个月，再确切一点，也就几周吧，
他自私的尾巴就露出来了，挖苦和挑剔我渐渐成为他的日常。
现在想来，他是那种缺乏安全感的人。他会挖苦我的身材或收
入，同时吹嘘他的收入和健身成果。在浪漫的包裹下，这些言
论没有引起我的警觉。有时他会说出一些刻薄的话，那感觉太
突兀了，我都怀疑自己是否听错了。我看不懂他，但依旧执迷

于我对他的第一印象，舍不得分手。他对我越刻薄，我就越感到困惑，我们第一次见面时，他是那么的完美。这怎么可能是同一个人呢？我对自己的判断失去了信心……花了很多时间我才找回了清晰的思维。"

反思时刻

- 回顾过去，当你初次遇到自恋者时，你注意到哪些迹象，或者可能忽略了哪些迹象？
- 你当时的感受如何？
- 自恋者在哪些方面言行不一致？
- 是什么（如果有的话）阻碍你留意相关的预警信号？（这有助于彻底的康复以及未来的防御。）
- 未来你打算如何识别自恋者？你会寻找并识别哪些迹象？
- 如何确保自己不再错过预警信号？尽量多列出一些有用的线索。

"行胜于言"

"行胜于言"这句话是对自恋者花言巧语的最佳回应。我们中的许多人都被自恋者的诱惑、道歉、承诺等表面功夫所迷惑，迟迟无法脱身。有趣的是，每当你开始疏远他们时，他们往往会变得更加主动，精心谋划各种操纵手段。

　　"伊恩和我探讨过成家的事。我一直想要个孩子，但多年来一直忙着搞事业。直到三十多岁，我才意识到自己有多想要一个宝宝。那时我和伊恩断断续续交往了大约五六年。从一开始，他就会陪我规划为人父母的生活，我们会开玩笑说孩子可能像谁，以及我们会成为怎样出色的父母。事后我看得很清楚，他并不是真心的，每当计划快要实施时，他总是有点不自在。显然，组建家庭并不符合他随性而自由的生活方式。在我们交往期间，有很多次他都会突然离开，说自己需要点'空间'。我们就这样分分合合，他可能会消失几天或几周，然后又重新出现。但让我觉得残忍的是，他对于我想要成为母亲的心愿表现得反复无常——他明白这对我来说有多重要。我猜他以前只是顺着我讲话，所以在行动上才如此拖沓。

　　有的时候，伊恩对我主动示爱的行为感到厌恶；其他时候，他又抱怨我不够积极。我不知所措，感觉很糟糕。经过一年多的努力，我没有怀孕成功，于是预约了试管婴儿咨询。伊恩一会儿很热心，一会儿又消失，一走就是好几天，让我一个人去看医生。当时我觉得很尴尬，也很不理解，但是我太想怀孕了，反而在心里替他开脱。他会错过预约时间，编造各种理由，或者在最后一刻突然失踪。即便如此，他还是摆出一副无辜受害者的样子，惹得我每次都同情他。有一次他说因为帮助一个在路上被偷了钱包的老太太而没能按时赴约。我不确定他的话是否属实，不过一旦我表现出怀疑，他就会激烈反弹，让我感到内疚。更糟的是，他会顺势挑起更大的争吵，让我后悔自己的质疑。或许我真的做了些什么让他不高兴的事，我总是那么紧张兮兮的。可能是因为我过于焦虑，加上身体状况不佳，所以一直未能怀孕。这场荒唐的闹剧持续了许多年，诊所去过很多次，治疗却一直没有进入正轨。

有时我真的觉得自己受够了，想和他分手。后来我发现，每到这种时候，他就与我热烈地讨论起备孕的问题，重新点燃我的希望——我们即将迎来家里的新成员！实际上，一切都是我的幻想。他利用我想成为母亲的愿望，一次又一次地把我拉回来，不让我离开，同时他会经常消失、逃走。这种情况持续了好几年，对我而言无异于一种折磨。

在得到帮助后，我最终找到了离开伊恩的力量。但现在我已经四十多岁了，我慢慢接受了一个事实，那就是我可能永远都不会有自己的孩子了。我非常后悔当初的犹豫不决。只是我心里始终有一个小小的角落，坚信伊恩确实也渴望孩子的到来，他就是太想逃避了，太害怕承担责任。我看不透，但如果他真的想要，他就会付诸行动。讽刺的是，尽管我很想成为一名母亲，我却很庆幸没有和伊恩生下孩子。他太飘忽不定，不能给孩子稳定的关爱。我不希望我和孩子一起备受折磨。

我后悔让自己被他的谎言牵着鼻子走。现在我明白，如果

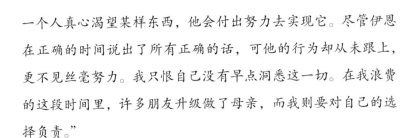

一个人真心渴望某样东西，他会付出努力去实现它。尽管伊恩在正确的时间说出了所有正确的话，可他的行为却从未跟上，更不见丝毫努力。我只恨自己没有早点洞悉这一切。在我浪费的这段时间里，许多朋友升级做了母亲，而我则要对自己的选择负责。"

当我们怀疑自己与自恋者纠缠不清时，不要听他们说了什么，关键是评估他们的行动。任何施虐的自恋者都非常善于操纵他人来满足自己的需求，尤其是见风使舵、迎合他人。遗憾的是，这可能是他们从很小的时候就学会的东西——本能地洞察需要按下哪些操作按钮以满足自己的需求是自恋者的第二天性。他们会敏锐地捕捉他人身上的弱点，说出恰到好处的话，牵动对方的心弦，引发对方的内疚、羞愧、恐惧、焦虑等感受，以便实现操控。

我经常听到有人抱怨说，是自恋者做了这个，或者是自恋者做了那个，是自恋者浪费了他们的时间，强迫他们搬家或者让他们做违背本意的事。继续把一切都归咎于自恋者是在维持一种受害者心态。如果你想继续前进，这是于事无补的。在康复过程中，学会为自己和自己的行为负起全部责任真的很重要。

请注意：为自己负责并不等同于殴打自己！不要对自己太苛刻——你已经经历了太多的事。不要再继续惩罚自己了，而是应该思考自己在其中的角色。看看你选择了什么，做了什么。他人没有强大的权力让你去做某事，或者让你有某种感觉。你可以选择是相信自恋者的谎言或受其操纵，还是审视他们的行为并据此做出自己的决定。你必须观察他们的一言一行，找出任何不一致的地方，同时也要密切关注自己的内心体验：观察自己的想法、感受、反应或痛点。与咨询师合作会更有成效。意识到这一切才是关键。

⬥ 反思时刻 ⬥

- 你生活中的自恋者曾经承诺或者说过什么，结果他们的行动却与之背道而驰？

- 这种情况经常发生吗？

- 这给你留下了怎样的感觉？

- 你在这些时候曾经是怎么做的？

- 你现在的做法会有何不同？对你来说，怎样做会更有帮助？

- 你如何为自己负责？

- 你现在能为自己做的最美好的事情是什么？

07 情投意合的完美匹配

在涉及我们自身的关系中，除了我们，至少还会牵扯另外一个人。因此，仅仅将焦点放在自恋者身上是不公平且无益的，也是不健康的。就像纳西索斯和厄科的故事一样，自恋者纳西索斯并不是关系方程中的唯一因素。

似乎确实存在着某些"特征"，是自恋者挑选"猎物"时格外看重的。二者之间仿佛有一种强大、无形的磁吸力，使得猎物成为自恋者自私自利与"唯我独尊"本性的完美匹配。一般来说，猎物们往往会把别人的需求放在自己的需求之前，或者出于种种原因忽视自身的需求和欲望。也许他们觉得"关爱自己"是自私的，甚至对此感到内疚——在身上贴满无私标签的猎物，将自己塑造成自恋者的殉道者。我们中的许多人可能会误以为这是一种"强大"乃至"好相处"的表现；这种想法通常是我们在成长过程中从原生家庭中学到的，因为我们的父母或其他对我们至关重要的角色就是这种不正常人际关系的示范者。无论过去或现在，他们在家庭中传承着这样的观念——爱就要牺牲，爱自己是自私的。我们从父母、家庭和儿时的生活经历中学到了很多关于"关系"的知识，这些观念当然会影响我们待人处事的方式，但并非完全无法改变。长大后，我们仍然有机会拥有健康的人际关系。

处于潜在虐待关系中的个体常常感叹自己似乎"迷失了自我"，因为他们越来越关注"对方"。就像厄科一样，他们缩进阴影里，失去了自己的声音。自我的丧失和对他人的过分关注反映了个体在界限、自尊和自我价值方面的问题。归根结底，这是你和自己的关系出现了问题。根据我的经验，自恋者所虐待的对象往往是最善良、最体贴、最热心、最宽容、最单纯和最善解人意的人。他们通常也很聪明，事业蒸蒸日上。这却在一定程度上增加了来访者的挫败感和困惑感，他们很难理解自己为什么会陷入一段破坏性的关系中。然而，动力强、野心足和注重成就本身往往伴随着对自我同情和自我关怀的忽视。与我合作过的许多经历过自恋型虐待的来访者都是我见过的最有效率的人。他们是出色的项目经理、难题终结者或活动策划者，他们知道如何把事情做好。他们往往是逻辑严密、目标明确的实干家，近乎工作成瘾。然而，忙碌的他们可能无法真正识别、调整和关注自己内心深处自我关怀的需求。自恋者所虐待的对象经常自我惩罚，对自己要求严苛。这一现象将在

"缓和内心惩罚性的自我对话"部分中详细探讨。

那些被自恋者吸引的人在性格特征方面符合依赖共生关系的模式，有时也被视为厄科式的依附者。关于依赖共生主题的很多文献都集中在伴侣是酗酒者或成瘾者的情况上，而不是自恋者，但我认为这两者非常相似。依赖共生也包括关系成瘾——其特点是对另一个人的过度关注或依赖，无论是心理、情感、社交、财务还是身体方面。依赖共生的另一个关键特征是过分注重照顾他人，而这会让被自恋者吸引的人忘记或忽视照顾自己的重要性。这可能导致一系列令人痛苦的人际关系问题和身份认同问题。

许多人将"依赖共生"简单地理解为完全依附于酗酒或成瘾的伴侣，以及一种"必须被伴侣需要"的自我定位。这是一种相当简化的理解。我认为依赖共生的实质不仅仅是如此，其具体表现对每个人来说都是独特的。依赖共生关系中最典型的角色是主动付出的照顾者、取悦者和修复者，他们缺乏界限感，秉持着"他（们）好，我才好"的信念，丧失了管理自身各种情绪的能力，转而专注于对方（即自恋者）的感受，因此也生出了拯救、控制对方的冲动。不难看出，这与厄科式的依附者颇有共通之处，尽管后者是自恋型虐待的核心特征。我个人并不在意给每个角色贴上何种标签，但是了解依赖共生关系的知识同样有助于从自恋型虐待中康复。建议查阅相关文献，并参考"依赖共生康复 12 步计划"的网站信息。你将学习如何建立自我意识、应对相关遭遇，形成健康的界限以及找回稳固的人际关系。加入互助小组能为你提供宝贵的支持和帮助。

总体说来，依赖共生关系是一种不健康、不正常的相处模式，而健康的关系首先从你自己开始。如果你能妥善处理和自我的关系，那么所有其他关系都会变得容易得多。依赖共生的当事人倾向于更关心他人的状况，而非自己。他们擅长识别和关注周围人的需要，忽视了自己的需求或欲望，并且难以照顾好自己。他们能迅速捕捉他人的感受，却很难识别或面对自己的情绪。他们通常会牺牲自己的需求或欲望来支持另一方，并有一种"过度"的责任感。依赖共生问题确实会妨碍你享受健康的人际关系。很明显，依附者、依赖共生者都是自恋者的"佳偶良配"——自恋者渴望成为关注的中心。自恋者会寻找那些甘心付出的猎物，这些猎物会以各种方式关心自恋者的愿望、需求和行为，并为此辩解和承担责任。

记住：对自恋者来说，一切都以他们为中心。正因为如此，自恋者才会本能地寻找并吸引那些自愿将他们视为万物焦点、宇宙中心的猎物。具有此类特质的猎物也最有可能落入关系陷阱中，进而主动放弃了对自己的关爱，一味成全对方。常见的几种动机是：有些人可能因为舍己为人而受到赞扬；有些人可能真心实意地相信把自己的福祉放在第一位是自私且不合规矩的；有些人误以为牺牲自己的需求以取悦他人是"随和"的表现；还有些人则把过度的关照和责任当作关心他人或利他主义，甚至为此披上一层悲壮的殉道者的外衣。如前所述，这可能是我们在童年时期就形成的观念，我们将原生家庭中的某些做法看成了最理想的交际方式。这是极其危险和不健康的。这些观念与自我意识、个人身份、个人界限的丧失，以及依附和依赖共生等问题紧密相连，它们共同构成了与自恋者之间磁吸力的来源。

如果你希望从自恋型虐待中恢复过来——同样重要的是，避免重蹈覆辙——你必须重新让注意力回到自己身上。康复的旅程包括培养一种对自己充满爱、支持和同情的关系，从而打下坚实的基础，促进个人的成长和疗愈。

当你与自己建立起良好且健康的内在关系时，所有其他关系都会变得更加顺畅。

处于虐待、自恋和不健康关系中的人通常具有的特点、行为和特征包括：

- 过度关心他人的福祉。通常这比关心自己来得更容易。显然，关心他人是一种可贵品质，但如果这代替或损害了对自己的关怀，那就令人担忧了。
- 是行动者、实干家，是完成任务的"关键人物"。
- 扮演照顾者或拯救者的角色。
- 情绪高度敏感。虽然他们很容易"感知"、识别甚至预测他人的情绪或情感痛苦及产生共鸣，却难以识别自己的情况。

- 倾向于或偏好于逻辑性和实用性，认为依赖逻辑和理性思维比依赖感觉或直觉更容易。

- 有时会感到"脱节"、麻木或"恍惚出神"。

- 难以识别自己的感受或需求。

- 有责任感，在某种程度上认为自己有责任帮助、改变或修复他人。

- 目标高远，以成就为导向。

- 如果别人不高兴，他们会感到内疚、糟糕、焦虑或想为此负责。

- 对他人友善和宽容，但对自己却不尽然。

- 自尊心不足，感觉自己"做得不够""不够好"或"不够优秀"。

- 不承认或不接受心仪对象忙于其他事务。

- 否认或淡化自己的感受。

- 对自己严厉。内心有惩罚性且消极的"自我对话"。

- 将牺牲掉自己的需求与"强大"或"好相处"混为一谈。

- 非常勤奋，动力十足。

- 喜欢讨好别人。为了他人忽略自己的需要。

- 过分依赖他人或外部因素（例如工作、学习、伴侣、子女）来获得认同感或自尊。

- 被孤立或感觉自己被孤立。

- 渴望治愈他人的创伤。

- 对压力和虐待有很高的容忍度。

- 难以确定自己的愿望、喜好、需求、想法或感受。

- 认为把自己放在首位意味着自私或不忠。

- 在照顾或治愈自己时感到不适或内疚。

- 忍受虐待性的环境／关系（求生本能）。

- 事业／工作／个人生活过于繁忙。

- 很难说"不"。

- 忍受并停留在有毒的关系中：将容忍虐待与忠诚、奉献、关怀或无私混为一谈。

- 难以识别、设定或保持个人界限。

- 在读完前一行后，心中想："我不太确定自己的界限是什么。"

- 将对他人的关心／专注／聚焦视为利他主义和无私。

- 愿意迎合别人的需要，但忽略了自己的需要，或者否认自己有任何需要。

- 发现自己很难向他人求助或表现出脆弱的一面。

- 为他人的虐待和不当行为找借口或为其开脱。

- 对他人的行为或感受承担责任或感到有责任。

- 自卑。

- 表现出"否认模式"——否认自己的感受，否认伴侣的虐待行为。

- 难以接受赞美、认可或礼物。

- 为了伴侣/他人牺牲自己的价值观、愿望、需求和人格。

- 有过度的责任感。

- 认为自己能以某种方式控制或改变他人（伴侣、家人、同事或朋友）。

- 忽视或不信任内心的感觉或直觉，不知道什么是对的、什么是错的。

- 父母或其他家庭成员是自恋者或成瘾者。

- 害怕伴侣生气、愤怒、暴怒或反对（这通常源于童年的生活经历）。

- 难以表达自己的需求、愿望与好恶。

- 感觉自己"失去了声音"。

- 感到困惑。

- 怀疑自己——尤其是在回应伴侣的评论或情感操控时。

- 感到内疚和羞愧。

- 习惯于做"强者"或"不会倒下的人"。

- 感觉"是我""是我的错""我有责任"。

- 感觉"我要疯了"。

反思时刻

◆ 从上述阐述中，你认同或在自己身上识别出了哪
  些特征或特质？

◆ 这些特征或特质对你的人际关系有怎样的影响？

觉知你自身的自恋特质

另一个重要因素，也是我认为经常被忽略的一点就是你自
己的自恋倾向。或许这听起来有点奇怪，但却很重要。让我们
面对现实：每个人都有自私或自恋的一面；此外，正如之前所
说，自恋有不同的程度。位于光谱左端是比较常见的情况，代
表人们偶尔会表现出一些自恋特质；而光谱的另一端是极端
的、病态的自恋型人格障碍。许多人可能并非彻头彻尾的自恋
者，却做出类似于自恋的行为、举动或互动，这称为"自恋防
御"。通常这些防御是在感受到威胁、不安或恐惧时触发的。
当个体产生某种程度的不安全感时，通过"自恋防御"，他可
能会对他人进行评判或批评，甚至表现得目中无人。此类做法
并非出于习惯，而是一种防御姿态；我们也不一定总能意识到
自己正在这样做，因为就像许多的自恋特征一样，它们是用于
保护脆弱自我的防御机制。自恋防御往往会在我们感到脆弱时
启动。

在阅读本书的过程中，你是否怀疑或担心过自己可能也是自恋者？如果你的答案是肯定的，你是否真正担心过这对其他人的影响？如果你感到担心，那么你很可能根本不是自恋者！真正的自恋者无法诚实地进行自我反思；他们不在意自己的行为对他人的影响，也不会轻易考虑（或关心）自己会如何影响其他人。反思自己身上的自恋行为是正常且健康的，对治愈自己的创伤也有帮助。我们中的许多人都还有进一步进行客观、诚实的自我反思的空间，这将有助于我们的个人成长。大多数人都有能力表现出一些自恋行为。这并不是什么大问题。不过，我确实想指出一些可能会干扰你康复的自恋特征。

自恋者缺乏同理心。然而，自恋者的伴侣往往会在关系中对此进行过度补偿。他们通常会过度同情，并误以为这是关心、敏感或体贴的表现。极度的同情心可能会妨碍你的康复。我的看法依旧如此——认为自己有某种特殊的力量、能力或洞察力去理解、帮助、控制或改变自恋者或其他任何人，本身就是有点自恋的。健康的同理心意味着能够意识到并承认他人的感受，并与之交流，向他们表达你的关心。但这并不是代替他们承担这些感受，也不是试图改变或修复这些感受——这就转向了"依赖共生"，这是不健康的。

傲慢和自以为是也是自恋的特征，有可能干扰你的康复过程。"认为"自己已经知道了一切，可能只会让你止步不前，对治愈创伤和走出自恋型虐待也是毫无帮助的。在康复的旅程中，你要做到谦逊、诚实，并且要面对自己的脆弱。要做到这一点，需要足够的时间去感受足够的安全感。请放慢脚步，善待自己。

自恋者不会为自己负责。相反，他们会寻找能替他们承担责任的伴侣。认为自己要为他人的行为、选择或感受负责是不健康的。同时，我认为这似乎也有些自恋。谁的权力如此之大？其他人做什么或不做什么不是你能控制的。你没有这种能力。"相信"自己拥有这种能力是不利于康复的。在康复过程中，你需要关注哪些是自己的责任，哪些在你的控制范围之内——但更重要的是要认识到哪些不在你的控制范围之内，不要落入自恋者的圈套。自恋者会想把自己描绘成受害者，继续逃避责任。请提高警惕，不要充当"替罪羊"。没有人可以强迫你产生某种感情或做出某些行为。你只需对自己负责。

一些有助于诚实地思考自身自恋特质的问题包括：

- 我是否认为自己与众不同？
- 我是否感到被误解，因为大多数人没有足够的能力或智慧来理解我？
- 我是否在对话中占主导地位？
- 我是否觉得自己比在场的其他人更有趣、更聪明、更有经验或更有见地？
- 我是否对其他人、地方或事物持评判态度？

- 我是否认为自己有能力控制或改变生活中的自恋者，或者改变其他人？
- 我是否有时会显得傲慢、轻蔑或无礼？
- 我是否会利用金钱、美貌、示爱、智慧或地位来居高临下地控制他人？
- 我是否有一种特权感，期望被区别对待？
- 我是否通过扮演受害者的角色来寻求利益或特殊待遇？
- 我是否有时会自大到认为自己最懂，或者比其他人懂得更多？
- 我是否夸大自己的成就、地位、进步或人脉？
- 我是否会捏造事实？
- 我是否会为了达到目的而撒谎？
- 我是否会对他人感到嫉妒、怨恨，想与之一决高下？

正如我所说，我们每个人都有自恋的成分。自恋防御有时也会显现——通常是在我们感到不安全或受到威胁时。这没什么可怕的。然而，花时间诚实客观地反思自己的信念、行为和动机，可以让你拥有自恋者难以具备的品质。因此，在以下几个方面找到自己的平衡点，可能会对你的康复有所帮助：同理心，适度的责任感，适度的体贴，诚实，谦逊，自我同情，真挚诚恳。

08　吸引力的起源

　　有必要谈谈自恋者的子女——许多被自恋者吸引的人都意识到他们的父母是自恋者。这可不是巧合。让我来解释一下。

　　许多父母，尤其是自恋型父母，会给孩子灌输一个坚定而明确的信息：积极的评价、反馈、接纳或爱是有条件的。在这种养育方式下，孩子们会认为他们能否被接受或是否有价值取决于他们做了什么或取得了什么成就，而不是因为他们本身。自恋型父母的孩子往往自我价值感很低也就不足为奇了。通过有条件的爱和评价，孩子们接收到的信息是他们"不够好"，需要做得更多或"变得更好"才能获得他们渴望和应得的接纳或爱。在某种程度上，他们会觉得自己"不配"或"不值得"被爱。来自自恋者的积极关注是建立在特定条件之上的。因此，关注和爱护取决于你做了什么，而不是你是谁；认可也取决于你的成就，而不是你的个人品质。自恋者的子女从幼年时期就生活在这样的阴影下，待到成年，他们落入关系陷阱之时，"我不够好""我不值得""是我的错"等想法会再次被触发。那些不断遭遇自恋者与重复着有毒关系的受害者很可能会发觉，这一循环的核心是潜意识中重复上演着幼年时期的关系动态。换句话说，这些自恋者"复制"了受害者父母（或其他家庭成员）所扮演的主导者、施虐者角色，而作为"孩童"的受害者为了生存下去，在关系陷阱中选择了服从、迎合、迁就或承担额外的责任。

在我的临床实践中，我经常看到自恋者的孩子为了做到或感到"足够好"，勇敢且狂热地奋斗着，尽管一切都是徒劳的——他们成为驱动力极强的野心家。另一种情况则恰恰相反，自恋者的孩子放弃了挣扎，不再努力成为父母眼中"足够好"的子女，这些背离父母期待的孩子们也会出现自尊心方面的问题，他们往往会感到羞愧，并可能发展出成瘾或饮食失调等问题。可以理解的是，自恋者的孩子也可能表现出自恋倾向，因为父母一方或双方都有这种倾向。在那些患有成瘾和饮食失调症（例如神经性厌食症）的人群中，人们经常发现自恋防御的行为。

说句题外话，一定有人被错误地诊断为患有人格障碍、成瘾、饮食失调症、临床抑郁症或强迫症（OCD），而实际上他们只是在与自恋者的关系中挣扎——例如他们的父母是自恋者。上述诊断错失了症状的真正诱因。我不相信任何人会无缘无故地出现以上问题，而源头其实是他们自恋的父母。这些症状是为了抵御"有毒"的父母才形成的，不可以只看到表面现象。不幸的是，错误的诊断悲剧性地加剧了那些错误的信念，受害者再次被贴上"是我的错""我有问题""我不够好"的标签。

拥有自恋型父母的感觉很像遭遇自恋型伴侣。这让我们怀疑自己，感到内疚，好像都是我们的错，是我们的责任。我们觉得自己不配得到无条件的爱和同情。这显然对自尊和自我价值感有着巨大的影响。如果我们在成长过程中经历了这种虐待或忽视，可能很难察觉，因为它通常是家庭系统所固有的。在大多数情况下，我们从小成长的环境就是我们的世界；我们认为这就是"正常"的。通常只有在青春期或成年后，我们才开始看到更大的图景，并对家庭生活和人际关系获得更广泛的视角。与自恋型父母一起成长影响了自我意识的发展、界限的设立和维护，以及我们对人际关系和自身角色的看法。就像我们早年的许多生活经历一样，它对我们如何看待自己、世界以及世上的每个人都有着不可思议的影响。

成长中的求生本能

无论自恋者是父母还是伴侣，身处关系陷阱中的人往往会开启一套高度活跃的"警报"系统，并长期处于"战斗或逃跑"的行为模式。"战斗或逃跑"反应是我们与生俱来的求生本能。在原始时期，它对我们的生存和进化起着至关重要的作用。当今社会的压力水平不断攀升，"战斗或逃跑"反应可以在任何情况下被激活。我们实在是太紧张了，以至于随时可能进入"非战即逃"的模式，紧张的上下班通勤都能让我们惊慌不已。从历史上看，这种反应本该是短期的：它是一种求生本能，可以帮助我们度过眼前的威胁或危险，从而保证我们的安全和存活。但是当我们在成长过程中遇到过自恋型虐待、创伤或依赖共生等问题时，我们会长期拉响警报，让这种求生本能变成我们的存在方式。这是现代社会的普遍现象。

在"逃跑"模式下，我们倾向于退缩，或者通过各种方式逃避、避免、麻痹或改变现实与自身体验。针对身边的自恋者（包括自恋型父母），"逃跑"反应描述的是一种远离威胁的冲动或欲望。在许多情况下，"逃"是为了远离冲突或虐待。这既可以包括身体上的逃离、躲藏、回避、顺从或服从，也可以包括从我们内在的情感体验中"逃离"，即通过药物、酒精、性行为、无休止的忙碌和分心、沉迷工作或其他强迫性和成瘾性行为来解离、麻痹或改变我们的内在体验来实现。

在"战斗"模式下，我们往往更有活力，有捍卫自己、为自己而战的欲望：我们可能想要追求所谓的终极目标；在"行动"模式下，我们的潜力被激活；我们非常有动力，专注于达成目标。"战斗"反应让我们敢想敢拼——去战斗并获得"胜利"。生活在"战斗"模式中的人往往会变得极度专注，动力十足。这在很多方面是有益的。它可以帮助我们取得足够多的成就，获得好的成绩、资质、职业和经济收入，这又能在某种程度上让我们摆脱困境、抵御风险。"战斗"反应和极强的"驱动力"也可以让我们避免感受到太多的情感痛苦，反而让我们感觉到力量，产生一切尽在掌握的感觉。我们可以越过身体上的不适和情绪上的不安，发动智慧、逻辑和理性思维，奋力一搏。如果我们在过去的某个时刻经历了难以承受的情绪，"战斗"模式能够救我们于危难之中；借助逻辑和分析性思维，可以在一定程度上让我们远离那个阴暗混乱的情感世界。

虽然这两种反应能在短期内提高我们的生存能力，但从长远来看，"战斗"或"逃跑"的反应方式都会损害我们的健康、幸福、心理健康和生活质量。它们在一定程度上使我们远离内心的情感体验。尽管它们在强烈的痛苦、震惊或创伤时刻可能是有用的，但这绝非长久之计。总利用"求生本能"进行生活可能会导致成瘾、压力、倦怠、焦虑、抑郁等问题。

自恋者的子女在成年后会不自觉地在爱情或友情中寻找类似的关系模式，因而极易被自恋者蛊惑，这种情况并不罕见。许多与自恋者（无论是显性还是隐性）纠缠不清的成年人，其父母或有影响力的家庭成员在他们成长过程中都或多或少展现出了自恋的特征，哪怕这些特征只是轻微的。有些父母可能是严厉的、苛刻的管教者，对孩子冷酷无情，很少表达满意或满足，他们不愿意给予孩子持续的、积极的、鼓励性的反馈，并且因为各种原因在孩子的成长过程中缺席；有些父母可能对孩子的需求不感兴趣，没有给予孩子应有的关爱、培养或照料；或者父母之间存在依赖共生关系，其中一方在某种程度上可能是成瘾者或酗酒者。可以说，任何形式的成瘾在本质上都是自私和以自我为中心的。许多自恋者也恰恰是积极的成瘾者。

❧ 反思时刻 ❧

如果你在父母身上发现了明显的自恋特征，或者你不太确定他们是否是自恋型父母，那么花时间思考以下问题可能会有所帮助：

◆ 在你的家庭中，你认为谁可能具有自恋倾向？

◆ 你对他们的背景有什么了解，哪些背景信息能帮助你做出判断？

◆ 你在他们身上发现了哪些具体的自恋特征或行为？

◆ 列出与此相关的典型事例或记忆。

◆ 你当时的感受是什么？

◆ 这个人通过其言行，直接或间接地传达了什么样的信息？站在自己和旁观者的视角，这些言行会让你们如何作为、如何回应、如何对待他人、如何与之互动和交往、如何说、如何做（或不做）某事？关于这个世界、你这位当事人以及其他的旁观者，他们的言行分别传递出怎样的态度？

◆ 这让你对自己的感觉如何？对其他人呢？对异性呢？对整个世界呢？

◆ 这是否与你在成年后的人际关系有相似之处？

◆ 在你最早有关父母虐待、忽视或不支持你的记忆中，你当时几岁？

◆ 当时你的感受是什么？你还记得什么？

◆ 作为一个孩子，什么是你当时需要却没有得到的？

◆ 年轻时的你，即当时的那个孩子，需要或希望在那一刻发生什么？当时你最希望别人说什么或做什么？作为孩子，你希望或需要得到什么样的保证或安慰？

◆ 现在，作为成年人，如果你目睹了那个孩子之前遭受的忽视或自恋型虐待，你会怎么做？如果你现在可以以成年人的身份回到那里，你会对那个孩子做些什么或说些什么来帮助他感到安全、安心、被保护？

> ◆ 关于自我、父母以及当时的状况，你希望那个孩子知道些什么？
>
> ◆ 如果将同样的信息传递给现在的你自己，会有帮助吗？

　　每个孩子都理应得到安全感，都应该体验到对他们本身的无条件爱，而不仅仅是基于他们所做的事情。但可悲的是，现实并非总是如此。如果这正是你的遭遇，我希望你知道，无论出于什么原因，在孩提时代没有得到自己渴望的关爱、保护或养育都不是你的错。这永远不可能是任何一个孩子的错。幼小的孩子不必为此负责，这其实是成年人的问题——你周围的成年人应该对此负责。现在你已经长大成人，你可以开始给予自己那份作为孩子和成人都应得到的关怀、保护、安慰、安全感、保障和无条件的爱。你可以通过照顾与爱护自己来学习如何"重新养育"自己。

09 求生、拼搏与茁壮成长

　　许多经历过自恋型虐待或在不正常、缺乏关爱的家庭中成长起来的人都会走上"求生或拼搏"的道路。处于"求生"模式的成年人愿意为了生存去尝试任何事情，包括压抑自己的需求和欲望，化身成一只折射他人意愿的变色龙，并毫无底线地迎合他人，忍气吞声地过活。对一些人来说，求生的本能源自幼年的生活经历。例如，为了避免家庭矛盾，从不直言不讳。他们努力成为那个"乖巧"的孩子，不断顺从或被迫与之抗争。在求生的过程中，有些人可能诉诸各种能够转变心境的物质或行为。

　　"求生或拼搏"的核心是奋斗和攻克难关，与享受生活或茁壮成长无关。"拼搏"是驱动力的体现，反映了极强的决心和极高的期望，这是一种专注于成就和成功的生存方式。盲目的打拼会使我们变得目光短浅：我们可能沉迷于追逐目标，忙碌地完成任务，却在过程中忽略了情感体验和自我关怀。这种行为模式虽然危险，却因其带来的表面光鲜而显得合理，我们的辛勤付出似乎得到了应有的回报。然而，当驱动力过强时，它往往伴随着自我苛责、自我惩罚以及过度追求完美，这些极端行为则是不健康的。尽管如此，我们还是在童年中养成了这样的习惯，而我们的社会和教育体系也在某种程度上鼓励这种生存模式。我们在顺从和奋斗中长大，但相同的模式不再适用于成年后的我们。更具体地说，这种生存方式不仅容易吸引自恋者的侵犯，还会在我们落入陷阱试图反抗时成为障碍。

许多经历过自恋型虐待的人都想不通，不知道自己何以被这种破坏性的关系迫害至此。自恋者往往将目光投向那些纯真无邪、宽宏大量、充满关怀并且爱心满满的人。这些人通常拥有强大的抗压能力，而且习惯于牺牲自我、迎合他人，这恰恰使他们成为自恋者的理想猎物。同时，自恋者也热衷于征服那些才华横溢、能力出众的强者。我接触过的许多经历过自恋型虐待的来访者，他们无一不是成就斐然且效率卓越的智者、父母或专业人士，他们都拥有（或曾拥有）成功的事业或忙碌的生活。作为企业家、首席执行官、部门主管、律师、治疗师、护士（或医疗从业者）、投资人、作家或经理，他们都是非常能干的人。这些人生活的主旋律就是生存、行动和实现目标。许多与自恋者建立关系的人实际上是出色的项目经理和难题终结者，他们是干出一番事业的最佳人选。但正是因为这样的忙碌，他们成了自恋者的目标。繁忙使他们自顾不暇，无法对虐待的早期迹象保持警惕。他们忙于为他人服务，而不愿意说出自己的真实感受。此外，自恋型虐待的受害者有时也因为上述特征而对自己的真实感受、期望和价值观缺乏清晰的认识。因此，在康复的过程中，我们要把重点放在留出时间来了解自己的感受，明确自己的需求，理解表达需求的重要性，并在必要时勇敢地发声。

专注、可靠等品质确实会带来诸多好处，却也不是没有代价的。当我们极度关注目标或成就，或者忽视了自我关怀的需求时，我们往往会给自己施压，并倾向于在内心进行惩罚性或严厉的自我对话，将自身情感需求置之不顾。很多奋斗者尽管承受着悲痛或不安，但为了实现目标仍会倔强地认为"没事的""我很好""一切都好"，不管不顾地继续前行。为了生存和渡过难关，他们抛开情感，时刻保持忙碌。这可能是一种无意识的行为，毕竟他们根本闲不下来。常见的让自己忙起来的方式包括：纯粹的"忙碌上瘾"，酗酒，沉迷于性、购物或工作，强迫症或其他强迫性和成瘾性行为，极度投入到养育子女或家庭事务中，拥有无尽的"待办"清单，过度履行照顾者、拯救者、修复者的角色，或者以其他方式更关注其他人的需求而不是自己的需求。

成功又多金，还有名望和地位，这样的存在方式对自恋者极具吸引力。除了这些耀眼的外在品质，自恋者最终还是会选中那些与自身情感需求脱钩的人，双方算得上是一拍即合。设想一下，一个会顺从并保持沉默的人，同时又是一个倾向于对自己苛刻、容易感到内疚、热衷于担责背锅的人——这已经可以令自恋者称心如意了。自恋者不会为自己负责，所以如果你容易自责或对自己苛刻，你就是他们的理想猎物。哪怕你只是稍微有点自我惩罚的倾向，自恋者的出现肯定会加剧这种心态。而当你将全部注意力放在自恋者身上且忽略了自己的感受、愿望和需求时，对他们来说你简直是完美的伴侣。这就是为什么发现并解决自己内心的不平衡至关重要，唯有让真实的"自我"不再隐身，才能切断那些无形中吸引自恋者的纽带。这是逃出关系陷阱的重要步骤。

对自己要求过严、过于忙碌、养成不健康的生活习惯或生活方式、过度投入工作、过分关注其他人或事、与自恋者藕断丝连，以上种种都可能使我们疏于自我关爱。我们或许也会在某种程度上错失了真正且深层的自我同情。

真正的自我同情是保护我们免受虐待的必要条件。这需要在康复过程中下一番功夫。

显而易见，任何主动照顾好自己的人都更不可能忍受虐待行为。

真正的康复意味着首先和自己建立健康的关系，
即健康的界限和自我关怀。

爱护自己、与自己建立起健康的关系，茁壮成长才有可能实现。这意味着你要善待自己，支持自己；允许自己做喜欢的、有益的事；为自己做出积极的选择；允许自己犯错；不要小题大做，不要把所有事都看得太严重；学会看到事物积极的一面；了解自己的价值，最终过上真实、和谐、充实的生活。如果你能觉知自己的存在方式，就能够从一味"求生或拼搏"转变为茁壮成长。想一想，当初为何会形成这样的生存方式？接下来，进行自我关怀和自我同情——与自己建立融洽的关系，学会自尊、自爱。在接下来的章节中，我们还会做详细讨论。

反思时刻

- （相对于看清自己）我是否更容易关注别人的愿望和需求？
- 我能认识到自己的愿望和需求吗？我是否对它们做出了适当的回应？
- 如果没有，为什么？
- 我是否让自己太过忙碌了？
- 我是否让自己分心到各种事务上？
- 我是否处于"求生"模式？如果是，有哪些表现？

- 我的驱动力有多大？这种忙碌打拼的动力或需求从何而来？

- 我过去的生存模式对自己有利吗？现在还适用吗？

- 曾经的生存模式有什么缺点？这种生存模式对我的健康、幸福感、自我关怀和人际关系有何影响？

- 这会给其他人传递什么样的信息？对子女、伴侣、同事、朋友呢？

- 我多久会进行一次"自我检查"，问问自己感觉如何？

- 我现在的情况如何？

- 我可能需要什么？

- 我对自我关怀的看法是什么？

- 我对以下事项的看法是什么：

- 给自己买些新的或昂贵的东西。

- 照顾好自己。

- 休假。

- 放松和休息。

- 我为什么会有那样的看法？

- 这对我和我的康复是有害还是有益的？

- 我还有进一步的反思吗？

10 发现征兆（下）

第 6 章"发现征兆（上）"侧重于分析他人的特征和行为。然而，对于鉴别关系陷阱同样重要的是洞察自己的内心感受。你的内心正在发生着什么？在情感上、精神上、身体上，对方带给你怎样的感觉？一想到这个人或相关情境，你的内心有何波动？直觉向你传达了什么信息？你注意到了哪些想法、感受或身体上的感觉？用心去感知，这些都是征兆。

很多时候，处于虐待关系中的人早已与内心世界脱钩。最糟糕的是，他们停止了倾听和信任内心正在发生的一切。这些人拒绝接受自己的内在智慧，反而被自恋伴侣的观念所左右。就像厄科一样，他们最终也会失去自己的声音，乃至对自我的觉知。

这种内在的脱节和不信任是值得我们进一步探索的，因为它能够促成种种具有破坏性的关系模式。握紧你内心的罗盘，让它引领你感知潜伏的自恋者，并且将他们驱赶出你的生活。

内在的脱节让内心罗盘失灵

在我的临床实践中，有个现象让我印象深刻：那些正在或曾经与自恋者陷入虐待关系的人往往都是善于分析、逻辑严密的"智者"。在人际关系中，如果我们过度分析、过于依赖逻辑推理，我们就会错过内心的直觉感受，这种操作反而风险很大。我们本可以本能地感知到那些不对劲的部分，却动用了"逻辑"这一错误的工具。别忘了，逻辑对自恋行为是行不通的。自恋者的言行举止是无法用逻辑来理解的。如果我们沉浸在自己的思绪中，企图用理性思维去解读一切遭遇，而对自己的情感世界置之不理，那么我们便会置身于巨大的风险之中，错失本能所发出的预警信号。

我们要学会信任和依赖自己的身体、情绪，以及直觉和感觉。然而，出于各种原因，那些被自恋者吸引同时又对自恋者有吸引力的人，通常是与内在认知有些脱节的人。这很有道理，不是吗？如果你与自身的情感体验、感觉和直觉高度契合，并对此充满信任和信心，那么你就会更加了解自己的价值观、好恶、愿望和需求。你会自然而然地守护自己的界限，明白对你来说什么是可以接受的，什么是不可以接受的。任何有悖于内心罗盘的事情，你都绝对不会坐视不管。你会更自信地大声说："这样不合适。""我不喜欢这样。""我应该得到更好的。"通过心智、身体、本能以及思想情感的协调一致，你会很自然地保护自己，避免成为自恋者的猎物。这也是当年我从自恋型虐待中恢复过来的基础。

自恋者将目标锁定为那些不同程度上与自己的感受、信念、欲望和需求脱节的人。这是因为当人们与内心世界脱节时，他们更容易被操纵和被控制。自恋型虐待的本质就是自恋者不择手段创造的一种不平衡的关系动态。在这种动态中，受害者放弃自己的欲望、需求和感受以迎合自恋者的意志。对于那些本就忽视自身直觉与感受的人而言，自恋者更容易将焦点转移到他自己身上，从而埋下了灾难的伏笔。切勿轻易放弃自我，让自恋者得逞！我深信，从自恋型虐待中恢复过来的关键在于学会真正连接并整合我们内在的每一部分。这是一场深入内心之旅。它构筑起对抗自恋者的坚固防线，并成为建立与维持界限、自尊和自我价值的基石——所有这些都是相互关联的。

经过长期而深入的内心探索，我得出了一个明确的结论：虽然问题是存在于思想中的，但解决方案并不总是能在头脑中找到。自恋型虐待就属于这种情况。那些遭受过自恋型虐待的人时常会用理性去合理化他们的隐忍（甚至为此辩解），或者试图借助逻辑来理解自恋者各种可怕而残忍的行径，最终让自己陷入更深的困扰之中。

> 自恋者是没有逻辑的；他们自相矛盾的行为更是没有逻辑的。你无法将逻辑应用于不合乎逻辑的人和行为。

在我看来，思想会向我们灌输各种无稽之谈——坦率地说，这就是我们的大脑所擅长的事情！但是，必须记住，想法并不等于事实。

另外，我反倒认为身体不会撒谎。我们的身体拥有更深层次的知觉。这就需要我们学会如何去感知和理解这些知觉，促进心灵与身体之间的沟通。每个人都有值得信赖的内在智慧。情绪和直觉的存在并非偶然，它们预示着关键的征兆，不断地向我们传递生命的反馈信号。它们是原始生存本能的核心组成部分，几个世纪以来一直默默守护着人类的延续。你可以信任这种内在智慧，让它引导你做出最适合自己的选择。同时，你也可以借助它更准确地感知自己真正的需求。不过，为了实现心身的交流，你必须学会连接、调整和倾听它们。如果需要的话，从现在开始就投入时间去培养对这种智慧的信任吧。建立信任是渐进的过程，需要时间和耐心。

将自己从分析性思维中解放出来，贴近自己的内在知觉，这是身心疗法的核心所在。这需要你学会用身体去感受身体。不过，一开始可能需要花点功夫，尤其是当你不太习惯的时候。正念和意识洞察练习等方法，可以使心灵和身体建立连接。其他的身心练习也有帮助，例如瑜伽、冥想、太极、武术以及某些精神层面的活动，包括祈祷等。最关键的是，留出空间和时间与自己交流：屏蔽外界干扰，平静心智，慢下来，静静地聆听和关注内心的感受。

反思时刻

- 如果你现在暂停阅读，花几分钟关注内心的感受，会怎么样？

- 你是否察觉到任何身体上的感觉？你注意到自己的呼吸了吗？

- 你是否注意到脑海中闪过的任何念头？有任何抵触情绪吗？有紧张或轻松的地方吗？你还注意到哪些情绪或感觉？

- 不要急着分析或查找原因，更不要急着改变或修改。试着觉知这一切，即使你发现自己没有察觉到什么——这本身就能说明许多问题。

进一步探索内在的脱节

在快节奏的现代社会，许多人已经不再关注、倾听或信任自身的内在感知，这种情况很常见，也一点都不奇怪。我们的文化并没有鼓励我们去培养与自我沟通相关的能力。无论是在学校还是工作场所，我们都很少有机会学习倾听自己的内心。相反，社会常常鼓励我们关注外部世界和那些无休止的干扰，同时忽略我们的内在世界。我们逼迫自己分散注意力，甚至试图改变自己的情绪感受。这在一定程度上解释了为什么压力、抑郁和倦怠如此普遍。对自身感觉的厌恶和改变是各种成瘾行为的根源。无论是酒精、性、爱、工作还是强迫性的照顾，所有的成瘾都是我们用来逃避或改变内心感受的手段。因此，问题不在于成瘾行为本身，而在于我们抗拒或不愿连接自己的内心。内心的各种感觉不是无端产生的。我们的情绪就是我们的内心罗盘。不要惧怕内心的感受；我们可以信任它们。

当你遭受自恋型虐待时，生活的忙碌、琐事的分心或对真实内心的抵触都可能导致你与自己的内心世界脱节，从而加剧你的困境。如果你没有建立起与自己内心的紧密连接，那么对于自恋者来说，你将始终具有吸引力。自恋者往往不会靠近那些忠于自己价值观、肯定自身感受的人。那些尊重并信任内在智慧，有勇气和力量去坚守并忠于自己的人，会自然地排斥自恋者。因为当你真正触及自己的感受，相信自己的直觉，并对自己的感受做出适当回应的时候，你就更有可能预感到事情不对劲，并主动进行沟通。你更有可能勇敢地说"不"。

与内心的连接，和你的个人界限息息相关。你的界限反映了你的价值观，以及对你而言什么是好的、什么是不好的。界限来自于你对自己可以接受什么、不能接受什么的清晰认知，以及你想要什么、不想要什么。界限与自我价值和自尊有着不可分割的内在联系。自恋者习惯于冲破界限。他们不喜欢健康的界限，倾向于避开有明确界限的人。

我们为什么会和内心脱节

一般来说，社会为每个人提供的自我反思或自我认知的空间是相当有限的。我们也逐渐被驯化成现在的样子。一出生，我们就与自己的感受紧密相连，无论是痛苦、饥饿还是欲望和需求，我们都会直接表达出来，通过尖叫和哭泣来吸引关注，满足自己的所需。早在学会运用语言、认知分析或逻辑思维之前，我们就已经能感知到自己的内在感受。随着年龄的增长，将注意力转向思想或外部世界也是正常的。适应并理解他人的情绪，有时比专注于自己的感受更有益，这或许能帮助我们在复杂的家庭和学校环境中生存下来。另一种可能导致身心脱节的情况是成长中的某些经历让我们觉得接触或维持内心的真实感受是不安全的。强烈的情绪冲击会让我们感到不适。面对极端恐怖、郁闷或混乱的情况时，我们可能选择与自己的内心感受保持距离。这种身心分离的体验常常是创伤的直接后果。当遭遇突如其来的打击，大脑无法及时处理过载的信息时，"脱节"的感觉就会如影随形，长时间地影响我们的生活。

我们中的一些人从未得到鼓励去信任自己的感觉或需求。或许从童年时期开始，周围的成年人就由于某些原因没有认可、允许或支持我们去接纳自己的内心体验。他们甚至会否定我们的情感，逐渐让我们学会忽视和不信任内心的感觉。例如，我们在还是孩子时可能会对某些事物感到恐惧，但大人们却对此置之不理，轻描淡写地说："别傻了，你当然不害怕。"这看似微不足道，然而随着这种反馈不断积累，我们的认知就会变得混乱（"我真的很害怕……但妈妈却说我不害怕……那种恐惧的感觉难道不是害怕吗？我无法确定自己的感觉是什么了。"），我们也就学会了不信任内心的信号或体验。在理想的情况下，父母应该对孩子的感受表示理解、认同和接纳。如果做不到这一点，就会导致我们与内心脱节。为了在这样的环境中生存下去，我们不得不应对各种相互矛盾的反馈；这些反馈带来的困惑、不信任和绝望，使我们更难与内心建立连接。

另一个常见的童年经历是，我们被强迫去做自己并不情愿的事情。例如，6岁的西蒙心里想："我真的不想亲那位叔叔——他长着胡子，身上的味道也很怪。"他的直觉告诉他，那是他不愿意做的事。然而不幸的是，作为孩子，我们的内心体验常常被大人的规则和命令掩盖。这就是童年的现实。"别不懂礼貌，我们要走了，快亲叔叔一下，说再见。"西蒙只好照做。同理，足够多的这类经历足以让我们明白，我们的感受并不重要，我们应该违背自己的意愿，或者我们不应该在意内心抵触的感觉。我们很容易在童年时期学会违背内心的指引，为了取悦他人做出不符合自己真实感受的行为，尽管这对我们来说并不好受。以做"正确"的事情为名，我们忽视了自己的需求或欲望；这恰恰是不正确的。

正如前文所述，有时我们学会了切断与内心体验的联系，因为在某些时刻，这种联系带来的不快或压力过于沉重，我们无法与之保持同步。在这种情况下，与内心的脱节反而成为一种保护机制。如果情绪太过恐怖或糟糕，那么与这些情绪保持距离反而是有益的。这是一种原始的生存本能。例如，家庭纷争可能让人感到极度不安；父亲的酗酒行为可能充满暴力且难以预料；母亲的焦虑可能过度消耗人的精力；弟弟的情绪起伏可能令人捉摸不透；学校里的欺凌可能让人无处躲藏。也许我们从未得到鼓励或支持来培养对内心认知的信任——这不是通过课堂学习就能获得的技能。记住：在当时，与内心脱节可能确实起到了某种帮助作用。它可能帮助你度过了学校或家庭生活的困难时期。然而，这并不是一种健康的长期生存方式。最严重的是，这种行为模式会吸引自恋者，使你陷入有毒的关系。如果我们忽视和不顾自己的感受和需求，那么我们就会成为欺凌者的首要目标，让他们有机可乘。

在成长的过程中，或者在经历创伤事件后，你很可能已经失去了与内心罗盘的连接。我经常听到来访者们描述曾在直觉和理智之间做斗争。在需要坚守界限、自我关怀、主动拒绝或果断离开的时刻，这可能是干扰你做出正确决定的关键因素。

"他出轨了，还对我撒谎，这些我都知道。我能感觉到，也看过证据。短信和邮件就在那里，可他却死不承认。他指责我无端猜疑，说我嫉妒，说我占有欲过强，甚至说我疯了。我的直觉和身体都在催促我逃离，去寻找一个真正爱我的人，但恐惧却让我动弹不得。我一直在想：'既然他说我有问题，也许是真的？难道是我误会了？也许他会改变，毕竟他说愿意努力挽回我们的关系。'我很想相信他。

在我的脑海里，我不断找借口说服自己留下，幻想着一切会好转。但回想起来，这种心态并不健康。直觉告诉我应该离开，但我却用理性的声音压制了这股冲动——告诉自己要做个好女孩，去努力挽回这一切。这完全是在逃避现实。

我头脑中经过深思熟虑的决定是错误的，而当我终于听从直觉的时候，一切都变得明朗起来。我知道我必须离开，我已经受够了。那些长久以来被我忽视的身体感受现在变得坚定无疑。经过多年的情感虐待，我感到自己毫无价值，充满了焦虑和恐惧，我到了必须改变的地步。一场激烈的争吵之后，他再次试图把责任推到我身上。突然间，我看清了真相。我已经达到了极限，于是收拾东西离开了。说实话，离开后的头几个月非常痛苦。我对他念念不忘，一遍又一遍在脑海中重温整段关系，拼命想要弄清楚。简直是精神上的煎熬。前一分钟我还会焦虑不安、泪流满面，后一分钟我就感到内疚，觉得自己全搞砸了；之后，我又会被愤怒冲昏头脑。幸好我挺了过来。随着时间的推移，一切都变得更容易了。

　　我能够把更多的精力放在自己身上，而不是他身上，这是我生活开始转变的关键。我惊讶地发现自己多么习惯于围着他转——他的感觉、他的喜好——却对自己漠不关心。通过不断的练习和有意识的努力，我重新找回了自己。每天，我都会花时间与自己交流，问问自己现在怎么样，在身体上、情感上感觉如何以及自己还需要什么。起初，这让我感到陌生甚至震惊，因为我发现自己以前从来没有这样做过。我总是了解别人的状态——但我对自己几乎没有判断力，真的没有。我必须加倍努力。这需要时间和实践，但我逐渐学会了如何更好地照顾自己，如何识别并满足自己的感受和需求。我学会了相信自己，相信自己的直觉。这比我脑袋里那些混乱的想法要可靠得多！我的大脑一直告诉我：'回去吧，会没事的。'这太疯狂了。我从骨子里知道那永远不会成真。现在我知道我需要信任自己的直觉判断，它是我的内部警报系统；我学会了相信它，再也不会违背它了。"

　　总而言之，当我们早期有过不堪重负的经历时，无论这些事件是大是小，我们都可能体验到身心之间的某种脱节。这里所说的经历是指过去的创伤或意外、遭受霸凌、兄弟姐妹间的竞争、悲伤和失落，或者是像争吵、打斗、被攻击、被偷盗等其他令人感到不安的情况。即便事件看似微不足道，如果当时身边的成年人由于某些原因未能给予我们童年时期所需的安慰、保护或鼓励，脱节就发生了。与内心的脱节有时是刻意为之，因为它也属于我们的一种生存本能，能为我们提供暂时的安全感。在一些情感淡漠的家庭中，父母和其他长辈甚至会示范或鼓励忽视内心感受；他们往往更注重智力、成就、动力、物质成功或社会地位，而非同情心或情感成长。在我们的文化中，智力超群、分析能力强、认知能力高的人往往更容易得到奖赏。然而，过度依赖理性而忽略身体的感受是有代价的，它会使我们与自己的情感体验失去联系。这种脱节有时会被错误且危险地解释为"坚强"。许多落入关系陷阱的成年人都曾在成长过程中被教导"要坚强""忍一忍，继续前进""生活就是如此""没事的，你很好，我们都很好（其实大家都不好）"。这些信息无一不在促使人们无视内心深处的真实感受。

　　与内心保持距离的生存方式并非全然无益。如前所述，这可能与短期内的特定处境相关。不少人通过暂时与自己的情感疏远，达成了目标，完成了任务，收获了成功。有时候，为了达到我们想要的生活状态或渡过难关，这样做是必要的。然而，长期、全天候停留在脱节的状态中，或者被困在理智或逻辑中，是陷入关系陷阱中的受害者的共同特征。因此，在康复和治愈自己的过程中，我们需要借助正念练习、洞察力的培养以及情绪着陆技术来改善这一状况，从而促进与内在情感的连接。

（重新）建立连接

在我接触过的众多来访者中，许多人事后都意识到他们内心深处其实一直有种持续的直觉，感觉对方似乎不太对劲、不真诚、与自己不合拍，甚至不值得信任。然而，由于过分依赖理性思维，他们选择听从大脑的辩解和借口，忽略了直觉或身体发出的警告信号。很多人都会出现类似的问题，我过去也犯过同样的错误。在很大程度上，这是文化背景、家庭教育以及学校教育共同塑造的结果。我们很少被教导如何有意识地感受自己的身体、直觉和心灵的变化，甚至从未接受过相关训练。这无疑使我们变得脆弱，并且对自恋者产生吸引力。在我们所处的时代，探索自我的内心世界是不被推崇的。相反，我们被激励去依赖头脑、智力和逻辑推理，而非其他东西。如果说成长的过程中注定要经历情感的苦痛，那么将注意力集中在大脑上，专注于学术、逻辑或智力，确实可以暂时让我们逃避情感的折磨。在不愉快的情绪面前，这样做是有帮助的，只不过这并不是一个健康的长期应对策略。

在处理虐待的关系模式以及从自恋型虐待中恢复时，我们需要这样做：

学会连接身体、内心和直觉，聆听并理解它们向你传达的信息，这是康复的重要组成部分。

接受和参与各种形式的正念或反思练习，例如冥想、瑜伽或打太极拳，都有助于促进或重建身心之间的"对话"。安静地思考和反思也会有所帮助。我们需要学会区分头脑、思想和感觉之间的差异。这是一个需要时间沉淀的过程，必要时建议向心理咨询师求助。

由内而外的觉醒是防止虐待恶化的关键。许多与自恋者结交的人，在关系初期被各种浪漫和幻想所笼罩，甜蜜攻势蒙蔽了他们的双眼，使他们丧失判断力。很抱歉，在这里要告诉大家一个坏消息——现实中的关系并不像电影里描绘的那样。自恋者能迅速陷入所谓的"热恋"，但会同样迅速地"冷却"或转向新的目标。他们营造的浪漫氛围强烈而迷人，足以让你觉得遇上了"对的人"，以及你们之间有着"命中注定的缘分"。自恋者显然会鼓励这种想法，他们会说："只有你能让我有这种感觉。""没有人像你一样懂我（或没有人像你一样逗我开心）。""我第一次和一个人如此亲密。"

这可能是自恋行为的迹象，也可能是不健康关系的前兆。它们还可能是甜蜜炮弹轰炸的信号—— 一种自恋者在关系初期用来蛊惑潜在伴侣的心理战术。我们自然愿意相信这一切美好都是真切的。然而，健康的关系需要时间去培养。真正了解一个人并非一朝一夕之事。健康的人际关系涉及协商、互让、健康的界限、相互依存、理解以及相互尊重。因此，重要的是放缓脚步，脚踏实地，花时间去体验和感受这段关系。如果一切似乎过于理想且好得难以置信，那通常背后自有其原因。

从内心发现征兆

如果你已经挣脱了自恋者的束缚，你可能会觉得自己从未真正了解过他们。很多人在经历了自恋型虐待之后，都会感到极度震惊和不可思议。那是一种奇怪的感觉——我和自恋者之间真的有共同点吗？他们的真实面目究竟如何？你很茫然，而且可能永远也找不到答案。要从自恋型虐待中恢复需要放下对寻求答案的渴望。一定会有你想不通的问题，与其依靠逻辑来试图找出答案（这本身就会让人感到抓狂），不如让时间去解答；倾听自己的感受，关注并满足自身的需求，无须强求了解一切、控制局面或迫使事情按照自己的意愿发展。

自恋者就像变色龙一样，变化多端。为了避免重蹈覆辙，你需要立足现实，关爱自己。自恋者常常在我们最脆弱的时候出现。许多人在结束了与自恋者的关系后却又急忙跳入另一个关系陷阱。请给自己足够的时间来疗愈。自恋者会在你毫无防备的时候如超级英雄般降临，伪装成你的救星。务必保持警惕。切记：所有施虐者都会有意破坏潜在受害者的稳定生活。这是他们夺得控制和权力的手段。一开始，他们通常以魅力为武器，用恭维、送礼物等扮演救世主的角色，用控制、爱护和关注来干扰受害者的生活。当然还有更具虐待性的方式，往往会在关系发展到一定程度时才会显露出来。

保持警觉，注意识别外部观察到的迹象以及内心感受到的征兆。

诚实地反思是很重要的：他是否过于迷人？与他相处时的感觉究竟如何？一切是否发展得过于迅速？是不是感觉好得有点不真实？在与他交流的过程中，我是否感到焦虑不安？我有没有进入一种癫狂的状态？如果收不到他们的消息，我会感到焦虑吗？这段感情是否太过浓烈，让人难以承受？要记住：强烈不等于亲密。如果这些问题中有任何一个是确定的，那可能就是一个警示信号。相信自己的内在感受和直觉吧，这通常比我们那些多变、无益且有时不准确的思维更为可靠！

其他值得考虑的问题包括：

- 想到这个人或和这个人在一起时，我有什么感觉？
- 关于这个人或现在的状况，我的直觉告诉我什么？
- 他们是否总是谈论自己？他们会问我问题吗？当我

在说话时，他们作何表现？

- 我有没有退缩、沉默或服从？

- 这很刺激还是很可怕？或许两者都有？

- 好朋友或家人会怎么想或怎么说？

- 这个人看起来真的对我感兴趣吗？他们是否很细心？

- 他们的恋爱史或家庭史是什么样子的？他们的朋友是什么样子的人？

- 当我和他们在一起时，我的感觉如何？

- 如果这件事发生在我的好朋友身上，或者我是远处的旁观者，我会有什么样的感觉？

- 我在这个人面前能自由地做自己吗？

- 我是放松的吗？

- 我感到紧张吗？

- 我是否感觉到兴奋或紧张？这可能是一个预警信号吗？

- 有没有压迫、窒息的感觉？

- 当这个人在身边时，我是否感觉失去了自己的声音？

- 我是否被他们视为偶像？这是不是太夸张了？

- 和这个人在一起时，我的身体是否有冻结感、紧张感或紧绷感？

- 和他们在一起时，我注意到自己的内心发生了怎样的变化？
- 和他们共度时光后我感觉如何？
- 当我收到或没有收到这个人的消息时，我分别有怎样的感觉？
- 这些身体上或情感上的感觉可能在告诉我什么？
- 为了给予自己爱和关怀，我现在最需要什么？

答案没有对错之分。关键在于深入内心，注意到自己的感受是什么。

成长为与内心连接和关爱自我的人

重要的是，要想办法给自己留出空间和时间，帮助自己面对现实，从而最有效地评估和衡量自己的直觉。前面已经提到过正念和情绪着陆技术。通过与朋友、家人、同事或专业人士交流，也能帮我们维持一种健康有益的视角。在与人交往时，记得多关注自身感受，不要急于求成。尽量将注意力集中在自己身上和内心的感受上。如果遇到了新朋友，交往顺畅且感觉合适，那就更应该放慢脚步，细细品味相互了解的过程和乐趣。在开始的时候，我们可能很难区分头脑中的想法和身体上

的感觉。要有耐心，这需要时间和实践。培养这种内在的连接
其实就是深化自我关怀的过程。

每日练习：自我反思和自我连接

每天留出一点时间，给自己一个安静独处的空间，远离任
何干扰，扪心自问：

- 我今天怎么样？
- 我现在的情况如何？
- 为了爱护自己，我现在可以为自己提供什么？

你多久自问一次"我现在感觉如何"？这个问题对厄科式
的依附者或依赖共生关系中的当事人尤为重要。如果你是这样
的人，你可能已经习惯了过多地关注他人的感受和需求，以至
于忽略了自己内心的声音。我在临床实践中认识到这一点，当
我问来访者们感觉如何时，他们会告诉我别人怎么样——也就
是他们身边的自恋者的所作所为或所思所想。这根本是答非所
问；我问的是"你感觉怎么样"。现在，是时候学习如何与自
己的内心建立联系了。这是一种自我关怀，也是一种自我检
查——我还好吗？每天都应该留出一段安静的时间去反思这些
问题，无论是在心里默想还是通过写日记的方式。为自己定期
进行自我检查、静心沉思和自我反省预留空间，这不仅有助于

从自恋型虐待中恢复过来，也是构建健康自我关怀和内在关系的基础。与他人交流并分享自己的感受同样重要；不要犹豫，向你的朋友或者支持者发出邀请，让自己置身于健康的人际网络中。

　　健康的人际关系始于我们与自己的关系。了解自己，关爱自己。

身体感知练习

　　在你不会被打扰或分心的时候，找到一个安静、舒适的空间坐好或躺下，花几分钟时间"感知"自己的身体。首先，通过你所有的感官，注意身体外部的触觉：感受地板的温度，座椅对腿部、臀部、背部的支撑。你感到温暖还是寒冷？听一听周围或外面传来的声音——不是让它们成为干扰，而只是去注意。你能闻到任何气味吗？你都感知到了什么？

　　然后轻轻地将注意力转移到呼吸上：只需感知你现在是如何呼吸的，没有必要去评判或尝试控制或改变——感受自然的吸气和呼气。你甚至可以加入"正念呼吸"的练习，在每次呼气结束时计数，一直数到第十次呼气，再重新开始从一数起——所有这些都会让你的心慢慢安静下来并集中注意力。

　　几分钟过后，你已经逐步适应了周围的环境、身体的感觉和自己的呼吸。接下来，试着去观察内心所发生的一切。你感觉如何？此刻的感觉是什么？在心中为自己做一次身体扫描，从头部开始，慢慢向下检查每个身体部位，问问自己："那里现在是什么感觉？"

所以，从大脑和头部开始，问自己："那里现在是什么感觉？"给自己的体验贴上合适的标签。那里是否还充斥着一整天的体验？是嗡嗡作响，还是气泡涌动？是平静，还是焦虑、抗拒？

继续慢慢地、轻柔地将注意力向下移动，感受身体的每个部位，检查它现在的状态如何。紧张？松弛？疼痛？不舒服？平静？忐忑？没有什么特别的感觉？无论你感受到什么，请仔细观察，注意这次探索是如何展开的。

从头部开始，慢慢地引导你的注意力向下通过面部、下巴、颈部、肩膀、手臂、胸部、背部、腹部、臀部、大腿、膝盖、小腿、脚踝和双脚。顺着自己的感觉去做。我们并不是要让什么事情发生——只是觉知自己的一切，让自己活在当下。

完成身体扫描后就慢慢地将注意力转移到情绪体验上。你可能不会注意到太多，因为某些情感是很微妙的。或许现在没有什么波澜，或许突然有一阵情绪涌上心头——可能是恐惧、焦虑、悲伤、失落或愤怒。不管是什么，注意到它的存在就好，然后体会这种感受。

例如，你可能会注意到一种感觉，或者是多种感觉交织在一起。觉察到它们即可，尽量克制自己的大脑，不要去试图分析、解决或改变什么。如果你有分析或思考的冲动，那么也请注意到这一点。这种冲动是什么？你觉察到了什么？那是什么感觉？保持对当下、此时此刻的感知。如果你识别出了不同的情绪，那么试着留意你是如何识别它们的。你是如何知道自己的感受的？你的身体有什么感觉吗？现在的呼吸如何？颈部和肩部的感觉如何？腹部感觉如何？关注自己的感受。

如果可以的话，定期进行这样的练习，当你通过这种练习静坐 10~15 分钟，注意到内心体验的自然展开时，你会更好地意识到自己现在需要什么。让自己平静下来，拥抱内心的感受，轻轻地问自己："我今天怎么样？我现在怎么样？"静待答案的出现。你的内在智慧会及时回应。最后，你可以问自己："我需要什么？我现在应该如何善待自己？"只需觉知，倾听。然后满足自己的需求，照顾好自己。

每日自我检查

定期问一问自己："我怎么样？""我现在感觉如何？"用心去感知和界定自己的感受，包括身体上的感觉。观察接下来会发生什么。当你意识到自己的情感或身体感受后，再问自己："我现在需要什么？""为了身心健康，我现在能为自己做些什么？"

自恋型虐待的显著特点就是注意力总是集中在自恋者身上，似乎所有的时间和事件都与他们相关。那些愿意并且能够轻易忽视自我感受或需求，将全部注意力放在他人身上的人，对自恋者来说具有极大的诱惑力。这种状况随着关系的深入而日益加剧，导致更多的虐待和心理创伤。因此，你会发现，康复过程中一个关键的步骤是重新将焦点聚焦在自己身上——这并不是出于自私或自恋，而是需要把关注点从自恋者身上移开，重新回到自身。

在试图解决所有问题的阶段，一个非常典型的瓶颈是无法理解自恋者的所作所为以及关系的突然变质，这足以使人心烦意乱。你可能有很多问题想要得到答案，并试图用逻辑来理解自身经历，这是完全可以理解的。然而，面对自恋型虐待，我们常常会遇到一些永远也得不到答案的问题。这时，放下执念就变得尤为重要。放下想要倒转时光的念头，不再辩解，不再寻求解释，不再想要多说什么，不再企图理解，不再试图改变他们，不再试图控制他们，也不再期望事情会有所不同。所有这些念头都是徒劳无益的，它们只会让你陷入更深的绝望。与其这样，不如接受疑惑和"意难平"的存在。然后将焦点放在自己身上，关注你正在做的事情、你现在的感受，以及你此刻的需求。你现在需要的是将自己放在中心位置，这是恢复健康平衡状态的关键。以下是让焦点回到自己身上的 4 步技巧，帮助你检查自己的注意力所在。我鼓励你尽可能多地使用这个方法，特别是在从自恋型虐待或其他有毒关系中恢复的初期阶段。

让焦点回到自己身上的 4 步技巧

（1）识别你的思绪和注意力所在。问问自己："我在想些什么？"试着觉察自己的内心世界。正念练习可以帮助你做到这一点。

（2）如果你意识到自己的想法和注意力都集中在自恋者身上，或者正在试图理解或解决当前的困境，那就以一种同情而非批判的态度温和地承认这些想法。

（3）通过询问自己"我现在感觉如何？"或"此刻我内心发生了什么？"轻轻地将注意力引回到自己身上。很可能是内心的一些想法或感受导致你把注意力转移到了别处，现在我们需要把注意力温柔地拉回到真正需要关注的地方。问一问自己注意到了什么，以及是否有任何想法、感觉、情绪、身体感觉、记忆或图像？有没有其他的冲动？尝试只是去注意正在发生的事情。试着平静地、温柔地、富有同情心地与之保持一两分钟的接触，给这一刻一些空间。让一切自然浮现，并标记你觉察到的一切。

（4）在觉察并标记了各种思绪和感受之后，问问自己此时此刻需要的是什么。答案可能是允许自己去感受任何你正在感受的东西；也可能是好好照顾自己，好好休息，好好吃饭，与朋友联络，洗个澡，看部电影，读本书，奔跑，尖叫，哭泣，或者什么都不做。无论你觉得自己需要什么，只要是对你和你的康复有益，那就送给自己吧。

这就是我们让焦点重新回到自己身上的方法。这项练习不仅能帮助我们更好地了解自己，还能培养善意、宽容和同情心，同时也教会我们如何进行自我关怀。对于那些习惯于照顾他人的受害者来说，现在是时候将这些关爱转向自己了，但一切必须发自内心。

第三部分
你和你的康复

关系陷阱

如何识别与应
对面具下的极
端自恋者

11　踏上康复之旅

开始怀疑并意识到你可能陷入了关系陷阱是一件了不起的事！让自己更多地掌握有关自恋的知识——为什么人们会发展出这样的性格或特质，以及如何识别相关迹象——是重要并且必要的第一步。在这个阶段，你看待这个人或这些人的视角可能会发生变化。你可能会更敏锐地注意到他们的行事套路，并以一种新的视角来解读这些模式。随着你的关注焦点变得更加明确，一切都将变得清晰起来。对许多人而言，这是一个充满启示的时刻。通过获取知识和信息，你可以洞察自恋者的操纵手段。曾经，你或许会自责，认为一切问题都是自己造成的。但现在，你将以更加均衡的视角来审视这段关系。当自恋者的面具被揭开，宛如一束光芒照亮了先前的混乱与挣扎，一旦我们看清了事实，便很难再回到过去的无知中。这就是觉知的力量，觉知是改变的前提。

许多过往的经历或情况无形中增加了我们陷入不健康关系的风险，这包括：

- 童年时期遭遇自恋者：自恋的父母；成瘾的父母或家庭中的依赖共生问题。
- 自我忽视；缺乏自我关怀。
- 过度追求成就或成就导向。
- 注意力分散；与内心脱节。
- 有照顾或救助他人的需求。
- 缺乏健康的界限。
- 过于关注他人的愿望和需要。
- 对自身的需求关注不足。
- 焦虑、恐惧、内疚或羞愧；未解决的创伤。

在虐待关系的阴影下，许多心理要素可能会受到影响或破坏，包括我们的自尊、自我价值感、信念体系、自我关怀能力、信心、信任感、价值观和界限设定，以及由此产生的相关创伤。正是这些元素构成了我们康复之旅的关键里程碑。在本书的后续章节中，我们将深入挖掘这些问题的解决之道，并一起探索恢复与成长的路径。

不过，就在此刻，我想和大家分享一条建议，那就是放慢脚步！请真正地吸收和思考本书至今为止每一章节所讨论和建议的内容。特别是在我们头脑清醒、思维敏捷的时候（这通常是刚刚摆脱自恋型虐待后的状态），我们很容易就会匆匆翻阅，跳过一些要点，因为我们觉得自己已经知道了、"领会了精髓"，或者急于继续前进。但如果我们这样做，就可能错失深入理解理论的机会，也难以体会到每个练习的真正价值，这对自我疗愈的过程是不利的。所以在这个阶段，我真诚地鼓励你慢下来，花时间去反思你所阅读的内容以及你可能学到或意识到的其他事物。例如，你可能会轻易决定跳过关于"自我对话"的部分，认为那与你无关——"我在自我对话方面没问题""我不需要进行自我对话""（扫一眼标题就说）我都懂了"——这些都是危险的。为了你自己的康复，请放慢脚步，多加反思，并将这些想法付诸实践。在洞察力、意识和成长方面，我们总有进步的空间。

本书的写作理念是，从地基和基础开始，逐层深入。正如任何结构坚固的建筑，地基的重要性不言而喻。如果从一开始就没有打好地基，那么到了后期，你在上面添加的东西就没有足够的支撑，可能会轰然倒塌。请不要操之过急，以免在后期发现自己被卡住了——原因是没有在前期做好衔接。试着慢慢打下坚实的基础，同时持续稳健地向前迈进。保持耐心，在每个环节上投入精力，缓慢而坚定地向前推进。从长远来看，慢即快，这样的恢复才是真正有效的。

当你把焦点转向自己时，康复就开始了。虽然意识到虐待行为和自恋型关系陷阱能够激发成长和转变，但这个阶段依旧是充满困难、混乱和挑战的。我们可能会拼命追问事情的原委，试图在逻辑上理解自恋之人，并就此陷入瓶颈。这不过是以另一种形式过度关注自恋者。此时此刻，专注于学会照顾好自己才是真正的关键，自我关怀刻不容缓。要像对待自己最好的朋友一样关爱自己，用爱意、耐心和支持环绕自己。

为康复奠定基础：自我关怀

在摆脱自恋型虐待的康复之旅中，自我关怀是不可或缺的基石。这通常是在遭遇有毒的关系之前或期间被忽视的方面。我们常常习惯于将关怀之心投放到他人身上。然而在当前的康复过程中，你必须首先学会呵护自己。你要对自身的自我关怀负责。在康复的初期，自我关怀可能只是确保今天吃得好、出去走走，或是主动寻求他人帮助。进一步磨炼你的自我关怀和自我安慰技能是很重要的。最关键的是，它有助于我们重新与自己的价值观建立连接。自我关怀可以帮助你发现或回忆起自己所喜爱和享受的事物，以及对你而言真正重要的东西是什么。这是在虐待关系中可能会丢失的东西，但却是康复的关键要素。了解自己的喜好，多做自己喜欢的事，这对建立自尊和健康的界限（我们将在后面讨论）至关重要。

现在，想一想你可以通过哪些方式实现自我关怀。一些建议包括：

★ 每天以积极的自我肯定开始新的一天。

★ 注意健康饮食。

★ 亲近大自然。

★ 送自己一份美好的礼物，例如一件新外套、一双新鞋或一顿美餐。

★ 与心态阳光、真心关心你的人共度时光。

★ 做个美甲或换个发型。

★ 让自己停下来，休息一下。

★ 阅读或观看积极向上的书籍和节目。

★ 做一次水疗或按摩。

★ 活在当下，珍惜眼前的每一天。

★ 练习正念冥想。

★ 定期锻炼。

★ 善待自己。

★ 接纳自己的怪癖以及独特之处。

★ 笑一笑；观看喜剧电影或脱口秀演出。

★ 拜访你喜欢与之相处的朋友或亲戚。

★ 加入兴趣小组或俱乐部。

★ 适度减少酒精、糖分和咖啡因的摄入。

- ★ 学习新技能、新知识。

- ★ 重拾旧爱好。

- ★ 不要过于苛责自己。

- ★ 学会自嘲，要对自己宽容一些。

- ★ 认识并说出自己的积极品质。

- ★ 进行瑜伽练习。

- ★ 对自己说些美好的话。

- ★ 赞美自己或祝贺自己。

- ★ 找出让你感到快乐和幸福的事物。

- ★ 多做能带给你快乐和幸福的事。

- ★ 记住，想法并不等同于事实。

- ★ 顺着自己的感觉做事。

- ★ 保持耐心。

- ★ 学会原谅自己和他人。

- ★ 每周留出时间进行数码排毒，远离电子设备。

- ★ 在心中祈祷。

- ★ 洗个长长的热水澡。

- ★ 留出时间定期放松身心。

- ★ 散步或慢跑。

- ★ 去画廊、展览、剧院或电影院；预订你想看的演出。

- ★ 试着放下内疚和羞愧。

- ★ 心怀感恩——在每天结束时写一份感恩清单。

善待自己和良好的自我关怀包括为自己做一些愉快的事情：抽出时间放松，犒劳自己，预约水疗护理，按摩，足疗，健身，与朋友放松，旅行，给自己准备精美的礼物，做美甲，买新鞋或其他自己喜欢的东西。变得更加有意识和积极地践行自我关怀是个很好的习惯。

爱好与兴趣

许多遭受隐性虐待和自恋型关系影响的人都有一种迷失自我的感觉，他们时刻牵挂着自恋者，就像厄科一样，卑微地失去了自己的声音。你可能发现自己已经在"求生和拼搏"模式下挣扎了许久，与"茁壮成长和享受生活"渐行渐远。现在是时候考虑并重新发现自己的热情和兴趣了。你喜欢什么？乐于从事哪些活动？由于关系陷阱的作用，你失去了哪些爱好和兴趣？你期望如何塑造自己的生活？对你来说，完美的一天或周末是什么样子的？你有哪些一直想尝试或学习但还没有做的事情？你想做什么？你有没有想参加的课程或团体？你有什么想去的地方，或是有哪些心心念念的表演和展览去看？你偏爱哪类活动？

你的任何想法都值得深究，可能涉及的领域包括：健康与健身、动物保护、旅行、烹饪、戏剧与艺术、手工艺、志愿服务、支持小组、整体疗法、高尔夫、瑜伽、跑步、登山、骑行、观光、去一个新的地方、写作、阅读、学习一门学术课程，或者仅仅是为了乐趣的活动。请允许自己去探索和发现各种可能性。

朋友与专业人士

在任何时候，一个温暖的社交圈对我们的幸福都至关重要，这个圈子由那些能倾听你心声、与你愉快相处、愿意分享生活点滴的人组成。人与人之间的深刻联系能带来幸福感，这有助于我们从自恋型虐待中康复。与自恋者相处久了，可能会发现自己逐渐对外出与朋友、家人或同事相聚失去兴趣。这往往是施虐者所鼓励的，他们想让你远离那些爱护你的人，将你孤立起来。人在独处时更容易被控制和操纵。要重拾正常的生活节奏，你需要主动与朋友联系，重建或加强你的社交支持网络。这可以通过联系新老朋友、家人或同事来实现，并与他们分享你的过往和现状，表达你的需求。不要害怕寻求帮助。尽管求助的过程伴随着内心的恐惧，但更多时候，勇于求助的行为会使你得到赞赏、理解、尊重和安慰。真正的朋友会愿意支持你。我曾见证过许多来访者在向其他人求助时不仅得到了宝贵的支持，还意外地帮助对方认识到了他们自己的问题。他们可能正经历着类似的困境，你的勇敢分享会让他们感到力量倍增。这样的互助对每个人都是有益的。主动去寻求支持吧，向心理咨询师求助也是可以的。你可以加入一些支持小组，或者参加前文提到的 12 步计划。加入志同道合的人组成的团体也是结识朋友的好方法。受到自恋型虐待的人往往会感到深深的孤立，甚至怀疑自己的价值，这可能会阻碍你寻求帮助和说出真相。然而，这正是你需要鼓起勇气与他人交流的时刻。你会发现许多人可能有类似的经历，他们对你的困境并不陌生，甚至可能有切身的体验。开放的交流不仅能帮助你获得支持，还可以让更多人觉知和警醒。

反思时刻

- 我喜欢什么？我可以尝试些什么？
- 现在我可以投入时间和精力去发展哪些爱好？我该如何开始？我可以和其他人一起发展爱好吗？
- 为自己做了这么多，我感觉如何？当我想到自我关怀时，我有什么感觉？
- 为自己做了一些好事或愉快的事情后，我感觉如何？
- 我可以和谁联络？向谁求助？
- 和谁在一起会让我感觉好一点？
- 我能否加入一个团体或支持小组？

　　具体一点，现实一点，为自己制订行动计划，去查询信息、开始新的活动，享受这个过程。这是你深入了解自己，重新发现自己的价值观、兴趣和激情的时刻。照顾好自己，感受那份满足和快乐。多花时间与那些对你有益的人在一起。要知道，这是你应得的。

12 情绪调节

自恋者的有毒行为可能会让你感觉自己快要疯了。结束与自恋者的关系同样充满痛苦和挑战。自恋型虐待会给人带来创伤，导致压力、焦虑和痛苦，有时甚至让人不知所措。在康复的旅程中，另一个关键点是寻找方法来管理那些艰难或势不可挡的情绪。这种感觉就像坐上了情绪过山车。因此，找到可以缓解压抑、自我安慰、调节情绪的方法变得至关重要——你可能会经历一系列纷繁复杂的情绪。下面是一些可以尝试的技巧，希望能助你一臂之力。

正念

正念是一种锻炼心理觉知的练习，它要求我们以一种好奇的、保持中立且不加以评判的态度，将注意力聚焦在当下。这是一项简单的练习，假以时日，会对你的思维、情感和行为产生强大而积极的影响。研究表明，正念练习和正念疗法有助于解决成瘾问题，缓解抑郁和焦虑，提高耐受力和处理痛苦情况的能力，以及提升放松感。正念让我们能够更好地管理和缓解压倒性的情绪，还可以帮助我们更清楚地洞察自己的思维——它使我们成为自身经验的旁观者。练习正念、培养正念觉知对后续章节涉及的康复过程的其他方面也大有裨益。

正念从本质上讲就是努力集中精神。一个适合初学者尝试的正念冥想技巧是"正念呼吸"。

正念呼吸的步骤

1. 找一个安静的地方和时间段，确保自己不会被打扰。

2. 设定冥想结束时的提醒铃声。开始时以 5~10 分钟为宜，随着练习的深入，逐渐延长至 20~30 分钟。

3. 选择一个舒适的坐姿。可以坐在垫子上、地板上或椅子上，躺下也可以。

4. 首先，缓缓地做几次深呼吸，释放掉身体和精神上的紧张感。

5. 轻轻地把注意力转移到你的呼吸上，用心感受每一次吸气和呼气的过程。

6. 自然呼吸，无须刻意调整呼吸节奏。

7. 每次呼气结束时，从"1"开始在心中记录数字。

8. 继续跟随呼吸，在每次呼气结束时计数。吸气，呼气，"1"……吸气，呼气，"2"……吸气，呼气，"3"……以此类推。

9. 集中精神在呼吸上，并在每次呼气结束时默默地计数，看看你能否数到 10。如果你数到 10，请重新从"1"开始。（如果你能保持专注数到第 10 次呼吸，说明你做得很棒！）

10. 你可能会注意到有杂念突然闯入自己的脑海，或者其他干扰让你暂时偏离轨道。只需意识到它们的存在，然后轻柔地引导注意力回到对呼吸的计数上。你甚至可以为脑海中浮现的各种干扰贴上标签。（例如："有一个想法告诉我，我应该去做点别的事情。""我在想，我现在更擅长正念呼吸了。"）

正念练习要求我们保持觉知和警觉。尽量不要让自己放空——那不是正念的目标。当你试着专注于自己的呼吸，默数每一次呼气的次数时，你或许还会注意到其他出现在面前或试图吸引你注意力的东西。也许你会有一些乱七八糟的想法，或者注意到一些身体上的感觉。无论是什么干扰，正念的实质在于觉察它们，给它们贴上标签，然后继续重新专注于正念练习的对象——也就是你的呼吸。真正的正念练习是"注意到"，以不做评判的方式观察心神不定时所产生的一切。保持警觉，注意到它们，而不是被杂念或头脑中浮现的故事牵引。这就是在温柔地解开内心的束缚——再次强调，不是以蔑视、苛责或批判的方式，而是以一种温和、好奇的态度，甚至可以融入幽默感："啊哈，'待办'清单又来催促我了！"注意，不做评断。正念呼吸就是要学会注意到自己的思绪在什么时候走神了（而且它一定会！我们的思绪就是如此），并且学会对此保持警觉：注意到这种情况何时发生，一旦发生，轻轻地将自己和自己的注意力引回至呼吸这一焦点。如果你发现自己分心了，忘记了计数——别担心，这自然会发生——只需温和地重新集中注意力，再次从"1"开始。这便是正念的修炼。

对一些人来说，这项练习可能看起来太难或太容易，或者感觉毫无意义。我听到很多人说，他们试过几次正念冥想，但不喜欢、不理解，没有从中得到任何好处，于是就放弃了——这些都是可以理解的。不过，我非常鼓励你尝试每天抽出一些时间来坚持练习，至少持续两周，然后看你能否发现自己的变化。虽然数息法或其他正念技巧看似抽象，但练习的力量会随着时间而显现，尤其是当它开始作用于你的思想和感受时。当你通过正念察觉到某件事情的时候，也就是你与它拉开距离的时候。而如果某件事情正好涉及无用的思想、不准确的信念或压倒性的感受，你将能冷静处之，这对于康复和幸福至关重要。随着练习的深入，它还有助于培养自我同情。这些都是从自恋型虐待中康复的关键基础。正念冥想可以带来平和感，是给自己一次喘息的良机。就目前而言，将稳固的正念练习加入你的日常生活，将有助于打下有益的基础。

"RAIN"正念练习法

"RAIN"是近年来由洞察冥想导师米歇尔·麦克唐纳（Michele McDonald）提出的4步正念练习法，旨在缓解激烈或压倒性的情绪与感受。该方法由以下4个部分组成：

R：识别（recognize）你的感觉。这可能是某种情绪或身体的感觉——也许是两者兼有。给它命名（愤怒？燥热？焦虑？），予以标记。

A：承认（accept）这就是你现在觉察到的东西。允许（allow）它的存在。（例如："是的，我感到焦虑。"）

I：探索（investigate）这种感受。这感觉如何？这样做是什么感觉？我在身体里注意到了什么？还有什么其他的东西伴随着它吗？

N：疏离（non-attachment 或 non-identifying）。以观察者的身份静观自身体验，创造距离感，明白"我的感受"并非"我"。观察带来距离，这可以减轻情绪的激烈程度和对它的依恋。

情绪着陆技术

情绪着陆（或接地）有助于缓解难以承受的情绪或痛苦，使你不再胡思乱想。它能赋予我们更客观、平衡的视角。自恋者突如其来的态度转变、情绪起伏、情感操纵或暴怒，以及我们所承受的焦虑、恐慌、内疚、羞愧或创伤，可能会颠覆我们原本平衡的生活。而自恋者的许多行为都是为了破坏他人的稳定，以此来获得和维持权力。脱离正轨、感到不安或不知所措，都会使我们处于脆弱的境地，引发进一步的自我怀疑和隐性虐待。当旧时的创伤性记忆被唤起时，我们也会变得心神不宁，感到颤抖、焦虑、恐惧、思绪混乱、六神无主。因此，我们有必要学习情绪着陆技术，让自身保持稳定，减轻自恋型虐待和创伤反应的冲击，做好情绪管理。情绪着陆让我们重拾自信和自我保护意识，面对自恋者时能够树立界限，从自身利益出发进行沟通。当我们脚踏实地、回归现实，就能坚定立场，不被自恋者的任何手段左右，清晰地识别并应对自恋型虐待。

情绪着陆技术有多种方法，建议你尝试不同的练习，找到最适合自己的方式。

锚定呼吸法

将注意力锚定在自己的呼吸上。通常情况下，在不知所措或面对自恋型虐待时，我们的呼吸会瞬间加速，变得短促。这种变化会立即向大脑发送警示信号，提示存在威胁或危险，从而触发大脑向神经系统发送信息，使我们进入警戒状态，即"战斗或逃跑"模式。这一切发生得非常迅速，是一种本能反应。我们可以有意识地放慢和加深我们的呼吸，以阻止这个内部警报系统的启动，并让接地和"锚定"的感觉产生。你甚至可以想象自己随着呼吸和身体的动作，放下一个沉重的锚——通过呼吸、身体和双脚向下拉，让自己感觉更稳固。缓慢、深沉、有节奏的呼吸有助于控制恐慌感，帮助我们维持心态平衡。尝试缓慢的呼吸，并持续至少5分钟，让神经系统平静下来。

计数呼吸法

缓慢、均匀的呼吸也可以帮助我们感到更加稳定和踏实。在每次吸气、呼气的过程中，都从1默数到4。吸气，1—2—3—4；停顿，1—2—3—4；呼气，1—2—3—4；停顿，1—2—3—4；继续吸气进入下一个循环。这种缓慢而稳定的呼吸有助于我们保持心态的稳定和平和。

运用感官法

另一种情绪着陆的方法是运用自己的感官，以下是一些实用的步骤：

1. 环顾四周。观察周围的一切。在心中默念或轻声说出眼前所有物品或事物的名称。

2. 伸手触摸身边的物体。注意它们的触感，是冰凉的、温暖的、沉重的、轻盈的、柔软的、坚硬的、光滑的还是粗糙的？

3．你能闻到什么？你注意到周围有什么气味吗？你可以专注于自己的香水或须后水。或许你可以随身携带一款舒缓的香薰，在压力大的时候使用，将注意力集中在气味上。

4．聆听周围的声音，区分你所在空间内部和外部的声音。你能听到离你最近的声音是什么，离你最远的声音又是什么？

5．味觉。吃点东西，用心地吃。有意识地体会食物的味道、口感和质地。

再次提醒，扎实的正念练习能帮助你以不带评判的方式进行观察，这对于平复情绪、理顺思绪大有帮助，可以将你从失控的边缘拉回来。在比较安静的常规时间里多加操练，等到内心痛苦或遭遇挑战的时候，你会发现自己能够更加自如地应用这些技巧。

运用双脚法

双脚着地，与臀部同宽。感受脚底与地板或大地的连接。慢慢将重心转移到两只脚上，再将重心稍稍前移至脚趾，然后向后转移到脚跟，接下来试着将重心从一只脚换到另一只脚。注意自己的感觉。试着感受双脚与地面接触的确切位置。找到一个让你舒适的平衡点，集中精力向下感知大腿、小腿、脚踝和脚掌，直至地面。享受这种稳定和被支撑的感觉。

你还可以想象自己的双脚长出了强壮有力的根系，一直延伸到地下，就像一棵根基稳固的大树。想象一下，有了这些深远的根系，你的身体会变得多么稳固。一棵根基深厚的大树是坚不可摧的，它不太可能被风吹倒（或被自恋者击垮）。

积极地移动脚步也是可以的。如果我们产生了强烈的"战斗或逃跑"感觉，有跑动、踢腿或移动腿脚的能量或冲动，就不妨原地踏步或交替抬腿，体会自己的动作和能量。

或者，如果你喜欢更激烈的活动，试试在地面上跺脚，或在原地跑步。调整跺脚的力度，关注这样做给你带来的感受。踢腿也可以。跟随你双腿的引导，哪怕是随机的动作，也要全神贯注地感受。

轻轻揉搓或按摩双脚，也能平静、舒缓地实现情绪着陆。

正念和情绪着陆技术不仅有助于你在不知所措时管理情绪，而且在维护个人界限或与自恋者沟通时（如下面章节所述）也非常有用。尝试不同的方法，找到最适合你的，并尽量每天都练习一下。掌握的技巧越多，你在需要的时候就越能够得心应手。

13 从想法到感受

我们的所思所想牵动着内心的感受。脑海中闪过的念头会直接影响我们的情绪和心情。通过转变思维方式，我们可以改变自己的感受。想法往往源自主观视角，因此，它们可以被改写、被调整。首先，我们要学会认识到自己有哪些无益或不准确的想法，然后去挑战这些想法并改变它们。自我觉知依旧是第一步，可以通过正念练习实现。正念能帮助我们更加专注和清晰地观察自己的想法。

假设在分手后，你产生了如下想法："都是我的错。""我再也不会遇到对的人了。""没有人要和我在一起。""我毫无吸引力。"不难想象，这些想法会让你感到相当失落、绝望和沮丧。然而，这些想法都是扭曲的，它们并不代表现实的全貌。其他人会如何看待这段感情？你的挚友呢？真正关心你的人会怎么说？"没有他，你会过得更好！他配不上你！""你很漂亮！""你很有魅力！""现在你有机会认识其他对象了。"你也可以对自己说："我正好可以多和朋友聚聚。""我刚好有了一些自己的时间与自己相处。""我值得更好的人。"如果你的思维转到这些方向上，你会感觉好一点吗？

改变想法进而改变感受的观念来自认知行为疗法（CBT）。认知行为疗法是一种谈话疗法，用于缓解焦虑、抑郁、自卑、强迫症和饮食失调等一系列问题，对自恋型虐待导致的焦虑、自卑等问题也有帮助。认知行为疗法的目的在于揭开思想、情绪和行为之间的联系，协助个体应对心理与情绪上的挑战。我们的想法会影响我们的感受，而我们的感受又会影响我们的行为。思想、情绪和行为之间的联系每天以各种方式循环往复，但我们通常不会注意到。然而，一旦我们陷入消极或痛苦的心理漩涡，觉察这个心理循环中发生的事情便显得尤为重要。通过注意头脑中的想法，你可以及时减缓、分解、挑战和改变无益或消极的思维模式，从而改善自我感受，并为自己的行为做出更明智的选择。

识别、挑战或改变心中消极或无益的想法，将其转化为更加积极、准确或有益的想法，能够迅速且直接地影响你的情绪。思维挑战技巧可以帮助你完成转变。借助这种方法，问题被分解成五个方面：

1. 情况
2. 想法
3. 感受或情绪
4. 身体感觉
5. 行为或行动

举个例子：恋情告终（情况），你可能会自责，认为自己很失败，担心再也无法遇见理想的伴侣（想法）。这些想法或信念很可能会让你感到绝望、内疚、孤独和沮丧（感受）。随之而来的还有疲劳、空虚或沉重感（身体感觉）。结果，你可能会开始自我隔离，独自待在家中，或者可能因为忧伤而过度饮酒或过度进食（行为）。这些行为又可能带你进入下一个恶性循环，催生出更多无益的想法或信念，使生活陷入下降的螺旋。

但如果你选择停下来会怎样？及时踩下刹车，学会识别那些无益的想法。尝试关注并捕捉脑海中涌现的真实想法或信念，并在那一刻暂停。接着，你可以培养出质疑这些想法的习惯。一旦你意识到自己的想法是无益的或可能是不准确的，那就问问自己：

• 这真的完全正确吗？一直以来都是如此吗？

• 这种想法是否带有主观色彩？从完全客观的角度，

我会怎么想？

- 如果有朋友告诉我他／她是这么想的，我会如何回应？
- 我怎样才能更客观、更理性地思考这个问题？

请记住：想法不是事实。想法是可以被质疑和改变的。通过学习和练习，你可以挑战并改变自己无益的想法，使其变得更现实、更有助于个人成长。

还是上面的情况，你可以将想法向更积极的方向转变，例如："感情破裂不止我有错——这是两个人共同造成的。""那段关系说到底还是不健康的。""没有他，我会过得更好。""将来我会遇到新的人，而现在我可以享受与朋友们相聚的乐趣，做些喜欢的事情。"（想法。）如果你有更多类似的想法，会是什么感觉？你可能会没那么伤感，负罪感也相应降低，对未来和人际关系怀抱期待（感受）。你也可能感到更积极、更有活力（身体感觉）。结果就是，你会觉得更有动力去见朋友或出去散心，能够按时吃饭，更好地照顾自己（行为）。

识别、挑战和改变自己的想法是一个简单、有力的工具，它可以帮助你改善情绪，避免有害行为。回顾一下，具体步骤是：

1. 识别可能出现的任何无益或不准确的想法。

2．注意这些想法是如何影响你的感受的。

3．问问自己这些想法有多大帮助，是否积极或客观。

4．想一想，针对自身和现状，什么才是更客观或更有帮助的思考方式。如果一个非常亲密的朋友有类似的想法或感觉，你会如何劝导他们？

5．如何以更平衡、有益且现实的方式来看待这个问题？

6．更有益的思考方式会给你带来怎样的感受？

你可能会发现，把你的想法和发现记录下来是很棒的做法。这同样需要练习和时间，但却是解决认知扭曲的有效方法，认知扭曲会对你的情绪和行为产生负面影响。我们有太多习惯性的想法，一开始可能很难察觉。一定要坚持下去，细心分辨。就像吸烟一样，如果已经持续了 10 年、20 年，那就是一种根深蒂固的习惯。某些自动思维也变成了习惯。但就像戒烟一样，只要有足够的努力和毅力，这种习惯是可以改变的。我们的思维习惯也可以转变，变得更积极、更有益、更准确。

这个工具不是万能的，但它可以成为处理焦虑、抑郁、自卑以及自恋型虐待相关问题的实用心理技巧。它特别有助于纠正我们对自我和人际关系所产生的不准确、不切实际的想法。阅读相关书籍或学习指南可以获得更多信息，专业的认知行为疗法治疗师也能帮你掌握原理和技巧，使你能够在生活中灵活应用。

```
┌─────────────────────────────────────────────┐
│              ◦⟫ 反思时刻 ⟪◦                    │
│                                               │
│   ◆ 你是否注意到自己有哪些反复出现的无益想法或      │
│     信念?                                      │
│                                               │
│   ◆ 这对你的自尊心有什么影响?                     │
│                                               │
│   ◆ 这对你的人际关系有什么影响?                   │
│                                               │
│   ◆ 更有益的思考方式可能是什么?                   │
│                                               │
│   ◆ 如果你的好朋友或其他你关心的人有类似负面或      │
│     无益的想法,你会对他们说什么?你会建议他们      │
│     怎么做?你会如何安抚或安慰他们?对自己也说      │
│     同样支持性的话语,感觉如何?                   │
│                                               │
│   ◆ 关于你的想法、情绪和行动之间的联系,你还有      │
│     其他发现吗?                                 │
│                                               │
└─────────────────────────────────────────────┘
```

练习:正念冥想

★ 与前文提到的正念呼吸练习一样,首先为自己留出
  一段不会被打扰的时间。

★ 定时 5~15 分钟,找个舒服的地方坐下。

★ 深呼吸几次,让身心平静下来。

★ 轻轻地将注意力聚焦在呼吸上。

★ 跟随吸气和呼气,尝试有意识地将注意力集中在呼

吸上。不必刻意引导或抑制任何事物，任由思绪自
然游走。此时的目标就是察觉到这些游离的思绪。
无须强迫或改变任何事情。只需觉察。

★ 将注意力轻轻地集中在呼吸上，感受每一次吸气和
呼气，当有任何想法出现时，试着注意到它的存
在。不需要让任何事情发生，让思绪来去自如。

★ 当你专注于呼吸时，让自己注意到脑海中出现的任
何想法。

★ 注意任何自动产生的想法，认清它们仅仅是"想
法"而已，它们不一定是事实。

★ 不需要去评判我们的想法，不需要判断自己是否喜
欢或需要它们。注意到它们就好。

★ 每注意到一个想法，都可以在心里告诉自己"我注
意到了……这样的想法"，无论想法本身有多随机、
多奇怪或多令人难过。

★ 你可能会注意到一连串的想法，也可能只是注意到
单一的思绪。

★ 再次强调，无须强迫或改变任何事情。只需看到我
们的大脑会自然产生各种各样的想法，这是非常正
常的现象。不要主动给"想法"附加额外的意义，
通过观察，我们可以洞察它们的本来面目。

★ 你在注意到并识别出任何想法时有什么感觉？你可

能会发现一些想法被其他想法取代了。思绪就是这样，不断流转变换。

★ 任何时候，只要你发现自己的思绪已经随着想法飘走了，温和地意识到这一点，然后把注意力拉回到呼吸上，以此作为冥想练习的锚点。

上面的"正念冥想"练习十分强大，坚持下去，它能为你的心理健康和你与自己的关系带来诸多益处，而这本身又会对你与他人的关系产生连锁影响。如果你注意到任何暗示"是我的错""我做得不对""他将要……"的想法，不要立即将其视为事实并做出反应，而是单纯地认识到它的本质："啊！有一种想法说'这是我的错'，但这并不一定意味着它是真的！事实上，我不认为这是我的错……我已经尽力了。"这将成为你调整思维模式和习惯的起点，帮助你形成更准确、更有益的观念和信念。

正念练习的次数越多，你就越能体会到它的好处。定期练习是关键，哪怕你每天只投入 10~15 分钟，不久后你就会感受到它带来的积极影响。

如果你希望得到进一步的支持和指导，加入当地的正念冥想小组或课程是个不错的选择。在老师或导师的帮助下，你可以确保自己沿着正确的道路前进，并及时解决在练习中遇到的各种问题。

消除扭曲的基本信念

通过"正念冥想"经常观照头脑中那些自动产生且无益的想法，你可能会发现一些自己的"最爱"——它们经常以各种形式反复出现。当然，每个人都有类似的思维惯性。但如果某些想法对你无益，建议加以解决。我们对自我、他人或社会的基本信念就像一副眼镜，我们戴着这副眼镜来解读自己的经历、决定思考的方向。例如，当我们意识到类似于"我再也遇不到真爱了""人们不会觉得我有趣、有吸引力"或"我不配得到……"这样的想法，它们很可能与"我不值得被爱"或"我毫无价值"的底层信念有关。不准确的想法源于不准确的信念。如果你发现自己的习惯性想法有某个特定主题，那么解决那些滋养这些想法的底层假设或信念就很有必要了。

自恋型虐待通常会引发"我不够好"这一常见的核心信念。事实上，感觉或相信自己"不配"或"低人一等"本身就意味着可能遭遇了关系陷阱。因为对于自恋者来说，没有任何事物或任何人是足够好的。这在某种程度上反映了自恋者深深的自我厌恶和羞耻感，但他们又通过尖酸刻薄的言行将这种自我厌恶和羞耻感投射到他人身上。自恋者的伴侣和子女往往长期与自卑做斗争，其底层思维就是觉得自己不够好——不够努力、不够聪明、不够苗条、不够漂亮、不够受欢迎、不够自信——总之就是"不够"。这样的基本信念会助长与之相关的想法和思维习惯。当事人很容易就对自己产生焦虑，想要变得更瘦、更有吸引力，要更努力或取得更高的成就。自我批判也就随之而来，要经常将自己与他人进行比较，又在比较中感到自卑。自恋者会以各种方式维持猎物自我感觉"不够好"的信念，而猎物又恰巧执迷于得到自恋者的认可。无论我们当时是否意识到这一点，这种潜在的破坏最终会摧毁一个人的自信和自尊。为了讨好自恋者所付出的努力是疯狂的，也是徒劳的。自恋者永远不会感到满足。为了保持理智，你能做的最重要的事情就是认清这一点，并尽早退出这场游戏。要知道，取悦自恋者是死路一条，你需要转而专注于提升自己的自尊、核心信念以及与自己的关系。你现在的样子已经足够好了。不过，对我们中的许多人来说，特别是刚刚逃离自恋型关系陷阱的受害者来说，要相信这一点可能并不容易。幸好，他们可以努力将自己的内在信念建立得更准确、更有帮助、更充满爱。

修正不良基本信念的实用练习

为了达到练习的最佳效果，首先需要识别你对自己或他人的核心信念。这可以通过总结自身习惯性的负面思维（如前一节所述）来实现。与自恋型虐待有关的常见核心信念包括：

- "我不够好。"
- "我不讨人喜欢。"
- "我有问题。"
- "是我的错。"
- "我有责任。"
- "我很不安全。"

翻开日记本，在页面顶部写下头脑中无益或负面的潜在信念（例如"我不够好"）。然后问自己："有哪些经历表明这个信念未必为真？"尽可能多地写下你能想到的经历，无论它们多么细微。这些事例说明，上述信念并非一成不变的事实。接着，另起一页写下新的、积极的自我信念（例如"我已经足够好了"）。在此基础上，尽可能多地列举经历，例如"我开导了心情低落的朋友——我是个称职的朋友""我为工作做足了准备""我做的饭菜很可口""今天我对咖啡店的员工很友好——我是个和善的人""我今天的发型很不错"等。每天继续为这个新的、积极的信念补充例证。即便每次只添加一两件小事也没关系，关键是让列表内容不断增加，直到你看待世界的视角变得更加平衡、正面和积极。这对于从自恋型虐待中康复尤为重要，因为在任何形式的情感虐待中，施虐者都会试图破坏我们对自己的看法——损害我们的自尊或自我信念。久而之，我们的想法就会变得非常扭曲。想要瞬间转变是不可能的，但你可以逐步完成。一点一点地建立新的、更积极、更准确的信念。如果你每天都能认识到自己的优点，最终你将能够重建自尊并改善你与自己的深层关系。

"和蒂姆的感情走到尽头时，我感觉自己终于从风暴中逃离了。我处于一种震惊的状态。但直到他离开，我才真正意识到那些谎言、背叛和虐待的严重性。蒂姆不会回心转意了，而我也支离破碎了。在一起的时候，蒂姆总是批评我，对我做的每件事指指点点。他批判我的厨艺，嘲笑我的工作能力。尽管他带着玩笑的口吻，我心里还是感到不快。我热爱跑步，他却说我跑步的样子很滑稽。当时的我并没有把这些话当真，然而分手后我却一直回味他的每一则评论。我为自己做了那么多错事感到自责，坚信他的离开正是因为我的无能。

我注意到内心的自我对话——它如此尖锐、挑剔，毫无怜悯可言。就像我的大脑吸收了他多年来所有的恶意评论，每天循环播放，难怪我会陷入绝望的深渊。彻底分手后的几周，我几乎失去了行动能力，整日以泪洗面。朋友建议我向专业人士寻求帮助，这才让我看清了头脑中无益的想法。所有的自我批评宛如一张坏掉的唱片，嘈杂不休。我还发现自己经常进行比较。想象如果我更瘦、更漂亮或更有趣，一切都会变得更好。事实上，无论我做什么或变成什么样的人都不足以让蒂姆满意——但那是他的问题。我意识到，他的讽刺破坏了我的自尊，并加深了'我不够好'的信念。

我开始努力消除他给我灌输的这种毁灭性信念，慢慢地、一点一点地留意并记录下自己做得还不错的时刻。我很健康，很聪明。我是个善良的人，一个可靠的朋友。我很有幽默感。通过每天写下这些内容，我在几周内就感觉好了很多。蒂姆破坏了我的视力和判断力，这项练习为我换上了一副新眼镜，配上了合适的镜片。我看得更清楚了。我很好，已经够好了，我就是我。无休止的批评反映了蒂姆自身的问题和不安全感，让他留着这些批评吧！"

良好的自尊和自信会提升我们维护个人界限的能力。通过上述技巧提升你的自尊心，可以帮助你建立更健康的界限。当你能够坚守界限的时候，你会更喜欢这样的自己。

> ❧ **反思时刻** ❧
>
> ◆ 我认识到了哪些潜在的信念？
>
> ◆ 哪些核心信念可能会助长我的恐惧或无益的想法？
>
> ◆ 结合自身情况，我可以有哪些更积极的信念？
>
> ◆ 我能找到哪些证据来支持这个新的、更积极的和更准确的信念？

14 界限

　　健康的界限可以带来健康的关系。学习和构建健康的个人界限是从自恋型虐待等关系陷阱中恢复的重要基础。坚定而灵活的界限是保护我们免受破坏性动态影响的根本所在。有了健康的界限，就有了更平衡的视角，也就不会因为对方做了什么或不做什么而担忧或烦恼了。

　　我们会用不同的方式来表达自己的界限：通过语言交流（说什么、如何说）以及通过肢体语言。换句话说，界限既是一种清晰的交流，也是一种无形的沟通。在与他人互动的过程中，我们释放出界限的信号，也从对方那里捕捉边界的位置。正如我在前面章节中描述的，自恋者和依附者相互之间存在着吸引力，他们能在人群中精准锁定彼此。我们都可能"奋不顾身"地奔向自己的心仪之人。从某种意义上说，是边界感的失调促成了这种双向奔赴。只有当一方愿意改变时，这种吸引才能停止。自恋者不尊重界限，他们会自然而然且本能地被那些没有界限的人或界限脆弱、易被推翻和改变的人所吸引。从容易操纵的人身上，自恋者有更多机会榨取他们想要的东西。同样，那些界限感薄弱的人往往愿意寻求有着坚定意愿以及决策能力的人。必要时，他们会依附在伴侣身边，将主动权完全交付出去。

因此，个人界限本质上是一枚无形的保护盾牌，它既能保证界限拥有者的安全，也能遏制自己和他人的越界行为。我们尊重他人的界限，就是在帮助他们获得安全感。界限界定了一个人的底线，无论是对于自己还是对于同自己建立关系的人。界限有助于双方了解自己的立场，对所有人都具有保护和约束作用。界限明确了我们认为适当和可接受的东西，包括身体或情感上的亲密、精神或心理上的亲密、交流，以及我们认为"好的"和"不好的"行为和行动。界限向他人展示了我们的好恶和偏好，并且向他人反映了我们的价值观、自尊和自我价值。在任何一种关系中，无论是恋爱伴侣、家庭成员、职场同事还是朋友，健康的界限都是必不可少的。

确立自己的界限对处理人际关系很重要，尤其对你与自恋者的关系。坚定、健康的界限也是帮助我们积蓄力量，离开或结束与自恋者或欺凌者的不健康或虐待关系的关键。强烈的自我界限感与坚定的价值观、自尊和自我价值感是相辅相成的。

因此，了解自己的价值观和自我价值，有健全的自尊心和对界限的坚定把握是保护自己的关键，可以确保你今后不再容忍任何人的虐待行为。同时，这也会降低你对自恋者和欺凌者的吸引力。当你拥有了坚定的价值观、自尊、自我价值以及明确的界限感，你就会更加果断地说"不"，并向他人清晰表明，他们的虐待、操纵、令人不悦的行为或言论是无法被接受的。因为你完全意识到自己不需要这些负面影响，你明白自己配得上更好的待遇。这一切由你把握。

界限的作用是防止别人进入我们的空间，对我们进行虐待（性虐待、身体虐待、心理虐待或情感虐待），以及防止我们对其他人做同样的事情。它让关系中的彼此有了合理的边界感，进而使我们清楚地知道：相对于自己和其他人，我们是谁（我们不是谁）。界限在外部和内部都能起到作用。没有界限，就没有明确的边界供任何一方遵循，双方都无从知道各自的立场，这导致了关系的混乱。自恋者没有健康的界限，而且自恋者很少尊重其他人的界限。他们会推翻和操纵其他人的界限，消耗他人，试图得到他们想要的东西——无论给别人造成多大的伤害或不适。请记住：自恋者只关心他们想要的东西，这一切只关乎他们，即便他们可能看起来是在表达关心、安慰、关切或尊重。

界限是什么

界限可以理解为环绕住所的花园围栏。这道围栏标记了你的领地，勾勒出你的空间。围栏清晰地为你和他人划定了边界的位置，但它不是完全封闭的——你的视线能够透过围栏，另一边的人也能向内探望，双方都可以互动和交流。假设还有一扇门，沟通就可以更进一步了，自己和他人都可以进出。"花园—围栏"就隐喻了健康的界限感：对关系中的每个人来说，边界都清晰可见，同时又有活动的空间——既能相互张望，也能在得到许可的情况下来回穿梭。如果双方希望协商，那么也有谈判或灵活调整界限的余地。界限是一种健康的交流媒介，也是一个平衡点。

相比之下，极端的界限可能意味着没有围栏。无栏之地，边界不明，你与路人或邻居的关系很容易陷入混乱。我曾居住在一栋漂亮的房子里，那里没有围墙。于是经常会有人走到窗前，还会有小朋友跑进花园、车道，甚至堵在门口玩耍。我总是惊讶于人们为何会如此靠近我的窗户，似乎完全没有意识到这里是我的空间。但是，如果没有明确标示的边界，又怎么会有人知道呢？你的个人界限也是如此。如果没有边界，那你就是在邀请任何人乃至所有人到花园里来嬉闹捣乱。孩子、大人、附近的猫狗都可以在这里胡闹。如果有人愿意，这块没有边界的空间甚至可以用作停车场。没有边界，就没有明确的界限。范围和规则不明，就没有人知道自己该站的位置。如果我们自己没有明确的界限，基本上就是在邀请别人在我们身上肆意践踏，想做什么就做什么，想拿什么就拿什么。而更多的时候，我们会因此感到怨恨、不安或痛苦。

另一个极端是界限过于坚固和僵化。这就相当于在房子四周砌上了高耸入云的砖墙，没有人可以翻越或进出。这就向其他人传达了明确的逐客令，根本没有互动或协商的余地。毫无灵活性和毫无边界一样，都是不健康的。高墙和死板的界限会导致关系中的回避、控制和僵化。就像其他任何事情一样，应避免走向极端。相应地，你可以在两个极端之间找到平衡：一个健康的中间地带。

以下是与自恋型虐待有关的三种常见界限类型，了解它们的内涵有助于你的康复。

不存在的或脆弱的界限：这代表你没有或缺乏界限感，或者不清楚对你来说什么是可以接受的、什么是不可以接受的。这种界限让你陷入与他人融合的风险，包括交出主动权、纠缠不清，以及被操纵和被利用。不存在的或脆弱的界限常见于那些难以识别自身需求和无法向他人表达自身需求的人，或者由于某种原因很难说"不"的人。他们倾向于附和他人，而对自己的喜好、需求或个人身份没有明确的认识。那些界限薄弱、不牢固的人也可能与依赖共生有关。他们经常出现在功能失调的家庭中——也许家人患有精神健康问题或存在酗酒、成瘾或虐待等问题。界限薄弱的人还可能有过界限被侵犯的经历，或者在童年时从未被教导如何建立健康的界限（例如，从未有人承认或尊重他们的个人空间或情感体验）。没有界限或界限不清的人很容易受到操纵和虐待。有时，他们会在两个极端来回摇摆，在某些情况下表现出零界限，而在其他情况下则完全僵化、毫无弹性。

僵化和极端的界限：僵硬、极端的界限与脆弱的界限完全相反，但许多人误认为前者是一种积极的现象。我经常看到人们走向强硬的极端，制定激进且刻板的规则和限制，以为这样就能展现出健康的界限。实则不然。这更像是用高不可攀的砖墙作为边界。任何人或事物都无法移动、进入或离开。健康的界限应当是平衡的。许多界限极端僵化的人实际上非常惧怕他人或有极强的控制欲。这种极端的界限只会令他们与外界隔绝。同样地，想在隔绝的高墙上体验到真正的情感亲密，就像在没有界限的环境中一样，难以实现。

坚定而灵活的健康界限：健康的界限应该是介于脆弱和

僵化之间的平衡状态。就像是漂亮、友好、易于靠近的花园围栏，它足够低，不会阻碍视野，但又足够高，可以提供一定的安全保障。围栏上还有一扇门或一个入口，提供互动和协商的空间。这样的界限展示了一种意识状态：清楚地知道什么属于自己，什么不属于自己；什么是自己的责任，什么不是自己的责任；知晓自我，明白自己的需求，并能够负责任地照顾这些需求，同时也能够有效地与他人沟通这一点。在这个空间内，你可以放心地说"不"，并坦然地坚持自我。健康的界限允许我们在不同的关系、情境中保留一定的灵活度。这种灵活性意味着在不丧失自我或不伤害自己的基础上做出适当的改变。

> 拥有健康的界限感，就能清楚地意识到什么是你的，什么不是你的；理解哪些责任是你应负的，更关键的是理解哪些责任不是你应负的。

健康的界限不仅帮助你自己明确界限，也帮助他人认识到这一点。反过来，这还鼓励双方都对自己的行为负责。尽管不能保证其他人都能承担起责任，但你所设的健康界限会明确地告诉他们，不管他们怎么看，那些责任是属于他们的，不是你的。

> 发展和确立你的个人界限是应对自恋者纠缠的关键策略。

健康界限的确立不仅体现了个人的尊严、自我价值和自尊，还彰显了一套坚定的价值观。在没有界限的情况下，个体便易处于受伤与被虐待的危险中，并可能无意中将负面影响扩散至他人。自恋者没有健康的界限意识，也不在乎你的或任何其他人的界限。实际上，许多具有反社会、边缘型人格特征或自恋型人格障碍的人，往往会本能地试图挑战和打破界限。为了维护良好的人际关系和个人心理健康，建立清晰而坚定的个人界限至关重要。

一个具有虐待倾向的自恋者，其行为模式是自私且具有操纵性的。他会不遗余力地测试你的界限以获取他所渴望的东西。请记住，这类人认为自己无论何时何地都有绝对的权力去满足欲望。自恋者的操纵手段多样，包括说一些刻薄的话让你退缩、使用恐吓策略、撒谎、情感操控、道德绑架等。

特蕾西向我进行了约六个月的心理咨询。她成长于一个对个人界限不屑一顾的家庭。童年时期，父母屡次侵犯她的私人空间，从未给予她身心上的支持与尊重。她从家庭中接收到的信息是，任何表达自我看法的行为都是"自私"和"自大"的表现。每当特蕾西想要指出某些不妥之处，总会遭到父母的辱骂和尖刻的回应："你以为你是谁？""你要骑到我们头上作威作福吗？"因此，特蕾西很快便放弃了抗争，甚至不再探寻自己的底线，最终失去了界限感，也对自身的需求一无所知。她与内心的真实感受渐行渐远。由于自我关怀和坚持个人界限的需求遭到否定，或是被灌输了无私奉献的"殉道者"精神，这样的人就很容易在童年时期产生迷失的感觉。

成年后，特蕾西发现自己屡次落入自恋伴侣所编织的关系陷阱。在每段关系的初期，她总能感受到短暂的满足，但慢慢地就会失去自我。她会迎合伴侣的兴趣和爱好，忽略自己的需求，并渐渐疏远了自己的朋友圈。在工作中，特蕾西的上司也是一个恃强凌弱的女老板，她经常无法拒绝对方的加班要求。每次她想要说"不"，就觉得如鲠在喉，一个字也讲不出口。

在我们的咨询过程中，建立健康的界限成为重中之重。首先，我们要探究特蕾西从父母那里学到的关于界限的错误观念，以及她的家庭系统是如何看待界限的。如今，作为成年人的特蕾西已经能够认识到界限的重要性，并开始摒弃父母对界限的消极看法。随后，我们致力于培养她的内在界限感，并重塑她的外部边界。这一过程通常伴随着自尊和自我价值感的提升。特蕾西需要在生活的各个方面努力识别和确立自己的价值观和喜好。随着时间的推移，特蕾西开始找回自己的声音，明确表达她的个人界限，尤其是在工作和个人关系中，清楚地界定对她来说什么是可以接受的、什么是不可以接受的。我鼓励她从小事做起，体验在日常情境中说"不"或表达个人偏好的感觉，然后逐渐加码。到目前为止，她已经对什么是健康的人际关系有了更为清晰的认识。

　　面对特蕾西的改变，自恋的伴侣开始嘲讽她的"新界限"，就像童年时她的父母那样——"你以为你是谁，竟敢制定规则？""你觉得自己高高在上了，是吧？怎么越治疗越麻烦？"这显然是自恋者试图操纵她并夺回关系主导权的伎俩。当你努力为自己设立健康的界限时，这种情况经常会发生。残忍的伴侣试图用相同的方式击垮特蕾西的界限，但幸运的是，特蕾西此时已经拥有了足够的新认知和坚强的自尊心（坦白说，她已经厌倦了不断重演的糟糕关系），她清楚地意识到那些话只是自恋者的立场，与她无关。特蕾西守住了界限，不久之后，她决定分手，并继续重建自尊和自我价值，打破了不健康关系的恶性循环。

　　　　请记住：唯一会因为你设立界限而感到不安的人，
就是那些因为你没有界限而受益的人。

　　界限可以通过多种方式传达，包括口头和非口头的方式。明确的语言可以坚定地表达界限，而肢体语言和状态举止等非语言元素同样能够传递这一信息。如果把 1000 个人放在同一个房间里，我相信自恋者会在没有任何言语交流之前就自动感应到那些界限脆弱的个体——他们彼此间的相互吸引仿佛受到了无形磁力的牵引。但好消息是，只要一方改变，这种吸引便可扭转。而这个人完全可以是你。加强个人界限，无论是内在的还是外在的，都将促进自尊的提升和人际关系的改善。

界限的坚定程度直接影响他人对此的感知，并决定其是否能够被动摇或颠覆。这对幸福感、心态和责任感至关重要，同时也是健康人际关系不可或缺的要素。

> 你只需对自己的个人界限负责，无须为他人的界限担责。

界限从何而来

个人的界限感通常在童年时期开始形成，大多是受到父母和家人的影响。界限来自我们对自己的思想、身体和个人空间的认知。童年经历和家庭环境塑造了我们对界限系统的理解和应用，也影响了我们回应他人边界的方式。理想的状况是，界限的初建得到鼓励和支持，使我们在家庭中以及后续的其他关系里树立坚实的界限意识，即我们的空间、物品、身体、思想和情感都获得认可与尊重，同时我们也学会了尊重他人。通过这一过程，我们学会了将自己与他人区分开来，认识到属于自己的东西，并拥有选择分享与否的权力。我们学会了说"不"，懂得了在心理和生理上拥有私人空间的重要性，并知道这一空间理应得到他人的尊重。例如，我们在使用浴室时不必担心被突然打扰，能够安心地在自己的卧室中休息，因为我们视这些为自己的私人空间。

许多受困于自恋型虐待陷阱的来访者常常惊讶地发现，成长过程中一些看似简单的经历可能阻碍了他们对界限的认知。父母若不敲门就闯入孩子的房间，便是对界限的侵犯。孩子往往无法反抗，因为作为孩子，他们受限于成年人的要求。这可能导致他们认为侵犯他人空间是可以接受的，毕竟"大人们都是这么做的"。另一种常见经历是，幼小的我们在试图拒绝或表达自己的喜好时，可能会遭受嘲笑、轻视或欺凌。家庭中常见的界限问题还包括成年人不恰当地向儿童透露成人事务。我认为，父母的担当在于负责管理成人事务，让孩子享受安全无忧的童年，这是健康亲子界限的一部分。如果我们在童年时就面对成人的复杂问题，这些问题对我们来说太混乱，难以理解。或许在孩童时期，我们被迫保持沉默，服从命令，不去抵抗或惹恼他人——我们几乎没有选择。但现在，我们已经长大，我们可以做出选择。

童年生活很少完美无瑕。如果我们的父母或家人自己都不了解或没有学会拥有健康的界限，那么他们就不太可能以身作则或教导他人。当然，不同的时代和文化也反映了对家庭和界限的不同看法。虽然在某些家庭系统中缺乏界限可能被视为常态，但它不可避免地导致混乱和伤害，影响心理和情感的健康。为了享有充实的且相互依存的关系，设立健康的界限是必要的。任何过去对我们个人界限的侵犯都会给今天维护健康的界限带来挑战。对许多人而言，设立健康的界限是我们成年后应该积极学习和完善的技能。

15 掌握健康的界限

　　个人界限的作用是容纳和标记我们的私人空间，它既是对自我的保护，也是对他人的尊重。界限如同一道无形的屏障围绕着我们，让我们舒适自在。它协助我们向别人传达我们的个人边界，包括我们的喜好、需求和愿望。界限还涉及责任归属的问题。个人界限包括生理界限、心理界限、情感界限、性界限等类型。

　　自恋者几乎没有界限感，也不尊重他人的界限。与此同时，那些被自恋者吸引的人（以及那些吸引自恋者的人）通常也缺乏健康的界限。当我们不肯主张自己的愿望、需求或偏好时，我们可能会错误地认为自己只是"随和"或"无私"。或者，在面对一个易怒、蛮横的自恋者时，我们可能很难说"不"。恐惧或内疚的感觉的确会干扰我们维持健康界限的能力。有些人也可能会困惑，为何他们在工作中、与孩子或朋友相处时能保持良好与稳固的界限，但当自恋者出场时，他们就退却了。许多来访者向我倾诉说，试图与自恋者保持坚定的界限令人精疲力竭。在学习和探索的过程中，你肯定会感到疲惫，但随着时间的推移，你就能发现，拥有清晰的界限实际上会带来自由感。健康而坚定的界限会让人际关系更加轻松，并且能够带来活力，而非耗尽精力。

　　健康的人际关系建立在健康的界限之上。

　　那么，拥有健康的界限到底意味着什么呢？

　　健康的界限反映了你是谁、你喜欢什么、你不喜欢什么、对你来说什么是可以接受的以及什么是不可接受的。它还包含了个人责任感——明白哪些是你的责任，哪些不是。这也意味着你能认识到自己能控制什么，不能控制什么。施虐者的伴侣往往界限不清或界限不强，这必须在康复和疗愈的过程中得到解决。

　　但需要注意的是，健康的个人界限并不意味着突然变得冷漠、严厉或僵化。在调节界限感的过程中，人们很容易从一个极端跳到另一个极端。无论你是完全没有界限（或者界限过于宽松，很容易被推翻），还是树立起不可逾越的界限（彻底封闭，高不可攀），两者都是不健康的。我们需要在两个极端之间找到一个平衡点。健康的界限既坚定又灵活。在寻找这个平衡点的过程中，你可能会体验到站在两个极端的感受。

与界限相关的一个核心问题是，许多经历过自恋型虐待的人都会沉迷于过往，将焦点和注意力放在错误的地方。由于隐性虐待带来的创伤，心碎的受虐者过分关注前伴侣的点点滴滴是很常见的，某种程度上也很容易理解。他们说过什么，没说什么，现在在做什么，要去哪里，或者和谁在一起，体重变化了多少，挣了多少钱，怎么花这些钱，他们在社交媒体上发布了什么内容，以及为什么发布。

请注意：过分关注自恋者而忽略了自己，正是问题的根源！

为了恢复、疗愈并继续前进，这种行为必须停止。

赏心悦目的局、盘、场

为了进一步阐释健康的界限，此时我想用观看一局网球比赛来做类比。你坐在观众席的中央位置，正对着球场的中线，对整个球场的动态一览无余。在网球场的一侧，自恋者摆好姿势准备发球；而你则位于对面的一侧。那张横跨球场中央的网球网，便是我们所说的界限。

在一段健康的关系里，两个人之间的界限通常是相当居中的——它为双方提供了移动、转身和跳跃的空间，正如网球选手在比赛中灵活移动，时而接近网前，时而退守底线。这通常取决于个人状态以及整段关系的背景和发展，并随之做出适当的反应。

当两个人能够并且愿意在大多数时间里各自待在自己的场地上时，他们便能获得一段健康的关系。每个人都要承担起自己的责任，明确并传达自己的选择、愿望、需求和好恶，同时尊重对方的界限。健康的关系意味着两个人在大多数时候都愿意并且能够对自己的行为和需求负责，如图 15-1 所示。

界限——在那里，每个人都对自己的行为和需求负责。

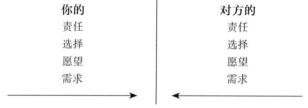

你的	对方的
责任	责任
选择	选择
愿望	愿望
需求	需求

图 15-1　健康的界限

这样健康的相处模式中存在一个平衡的交汇点——根据任何特定的情况，双方都有一定的灵活性和协商的余地。总体而言，这种相处方式对双方都是公平且均衡的。重要的是，坚守自己的立场有助于鼓励对方也做出相同的行为——虽然这并非必然的结果。换句话说，拥有健康的自我关怀能力和责任感，可以激励对方培养出健康、适宜的个人责任感，并照顾好他们自己的需求。如果你能够关注并履行自己的责任、愿望和需求，也就能够促使他人做同样的事情。

如果你忙着为对方接球——跑到对方的场地上，承担了太多本不属于你的责任——那你就没有给他们留下任何自我发挥的空间。你实际上是在阻碍他们管理自己的责任、选择和需求。这恰恰是自恋者喜闻乐见的：引你入局，担下所有；而我们中的一些人却热衷于并且时刻准备着化身拯救者、修复者的角色，代替自恋者承担责任。如此一来，我们就更难关注到自身的情感和焦虑了。你不必跨越到球场的另一边，你的角色、你要专注的事情都在你自己的球场上。与人相处也是如此，你不必越过界限，更不应承担他人之责。你不应该游离到球场的另一边，过度关心那里发生的事情。关系的另一半，并不在你的控制之中，也不是你的责任所在。如果你发现自己习惯性地或不受控制地被吸引到另一边，请尝试使用"让焦点回到自己身上的4步技巧"（见第127页）。随后，你才能更加专注地解决自恋者对你的其他诱惑——这通常与我们自身的不适、焦虑或内疚有关，我们需要学会放手。

　　为了享受一场网球比赛，它要求（实际上规则也规定）每个参与者都应待在自己的球场上，然后双方平等地参与比赛。在一段关系中，每个参与者的"球场"包括他们自己的责任、选择、需求和欲望。球赛的运作方式是，每个参与者待在自己的一侧，尊重中间的界限（网），并与另一位同样遵守规则并照顾好自己场地的参与者进行互动和交流。如果我们站到对方的一侧，试图控制、照顾对方的需求，为对方的行为辩解，为对方的事情承担责任，那么这场比赛就根本无法进行下去。人际关系亦是如此。

为了拥有健康的关系，你需要学会如何待在自己的场地上，尊重健康的中间界限，不要跨过中间界线。如果偏离到对方的场地，你将干扰所有属于他们的事物，这不是健康的。事实上，你的行为是在"积极地"阻止对方（学会）为自己和自己的行为负责。这在有成瘾者的家庭中，或者有心理问题的家庭或关系中经常可以看到。自恋型虐待也是如此——关系中的一方总是愿意跳入一个不健康的支持角色，跑到对方的场地上，承担对方的所有责任。具体表现在，成瘾者、酗酒者或自恋者的父母或伴侣会为其不良行为开脱，为虐待行为辩护，在经济上支持他们，替他们撒谎、收拾残局，帮他们打理事务等。而处于关系陷阱中的我们也极容易为自恋者的言行找借口，弱化其伤害性，甚至更加关注他们的生活，无法自拔。请停止上述行为。你的责任应该更多地放在满足自己的愿望和需求上。这不是自私。这是必要的。注意你自己正在做的选择。你要对自己负责。

✎ 反思时刻 ✎

◆ 如果你必须诚实且客观地定位你过去或现在的注意力、关注度、控制欲、责任感和自我关怀能力，你会把自己放在网球场的哪个位置？

- 你是否在自己的场地上为自己的需求、行为和责任范围尽心尽力？

- 还是说，你在对方的场地上，过度关心或过度参与他人的事务，以及对方正在经历的事情？你是否十分在意自恋的伴侣或家庭成员现在正在做什么？

- 当你游离到对方的场地时，生活是怎样的？

- 跑错球场的感受如何？

- 站在自己的这一边并将注意力集中在自己身上是什么感觉？

- 另一方不在你的控制范围之内，与你无关，当然也不是你的责任。首先要学会分清轻重缓急，处理好自己的事情，坚持以自己为重。让别人去管好他们自己吧。毕竟，游戏规则就是如此。这样你才能拥有健康、美满的人际关系。

如何设定界限

设定界限需要你对内在的自我意识进行感知。界限反映了我们的价值观和价值排序。倾听并注意内心所有的波动和信息——我们的情绪、直觉和感觉，这有助于界限的设定。很多时候我们只顾埋头前行，和真实的内心失去了联系，或许也是因为我们忽视或否认了内心的真实想法。更有许多人将理智凌驾于直觉之上。通过感知对你来说什么是对的，可以帮助你了解自己的界限。这是一种绝对值得信任的内在认知。我们的大脑会抛出各种无稽之谈，但我们的内在认知来自一个更深的地方，它不仅仅是认知层面上的。

设定界限也需要一些自信、自尊和自我价值感。如果你欠缺上述特征，很可能会感到畏惧，但努力设定更健康的界限的奇妙之处在于，这样做本身就会支持这些特征的发展。它们都是相互关联的。关键是要开始行动，逐步积累。

界限始于对自身的价值观的认知。请思考下列问题：

- 对我来说什么是重要的？
- 我想要怎样的生活？
- 我的底线在哪里？
- 我看重哪些品质（例如信任、诚实、尊重）？
- 我钦佩或向往哪些个人品质？
- 我喜欢什么？我不喜欢什么？
- 哪些事情让我感到烦躁或恼火？
- 在人际关系中，我希望从他人那里得到什么？
- 在人际关系中，什么是我不能接受的？
- 对我来说，什么是绝对不能妥协的？
- 我喜欢如何对待他人？

- 我希望他人如何对待自己？
- 以上两个问题的回答有什么不同吗？如果有，为什么？

　　设定界限的第一步是在你身上认识到自己的价值观和底线是什么。什么是你可以接受的？什么是你不能接受的？对某些事情感到烦躁或愤怒是个很好的指标，表明有些东西正在触碰到你的界限。你的感受是帮助你确定自己的底线和界限的一种方式。你越清楚自己的感受、价值观和自我价值，就越容易向他人清晰地表达出来。

个人界限的传达

　　只有让他人清楚地知晓你的界限所在，这些界限才有意义。请在你感到适宜或必要时，尽可能清晰且直接地表达出你的界限。

　　1. 明确地沟通：传达界限的核心在于摒弃你和他人能够心灵感应的幻想。请不要指望有人能够奇迹般地读懂你的心思，或者在未被告知的情况下就知道你想要或不想要什么。我们无法以这种方式交流，相信可以这样做是危险且不健康的。这种幻想式的思维只会让我们自讨苦吃，陷入不必要的痛苦。别人并不负责去揣测或弄清你的想法、喜好或界限。你也不必为他人做同样的事。你要在言语和行为中清晰地传递有关界限的信息。如果双方都能做到这一点，就能建立起非常直接、清晰、诚实而健康的人际关系。避免将简单问题复杂化。

2. 界限是有后果的：拥有明确的界限同时意味着要考虑如果有人越界（这是必然会发生的），你将如何应对。当你申明自己的界限时，目的是让对方清楚地了解你的偏好以及任何偏离这一界限的后果。例如，仅仅说"我不希望你欺骗我"是不够的，因为自恋者往往会这么做。在一段关系中，坚定而明确的界限应该是："不忠对我来说是绝对不允许的（因为我重视信任和一夫一妻制），如果你出轨，我将选择离开。"请注意，这个后果是关于你将要采取的行动。界限不是为了控制或改变对方，而是关乎你自己，以及你决定要做的事。

你可以用非常简单而坚定的方式传达界限及其后果，以便让所有相关方都能理解。这在某种程度上类似于管教一个淘气的孩子（记住：自恋者的内心就像一个蹒跚学步的孩子）。你可能会对孩子说："整理好你的房间，然后才可以去和朋友玩；如果你不整理房间，我就不让你出去。"你的期望、要求和后果都是明确无误的。

3. 界限是坚定的：坚守界限的关键是要能够坚定不移地按设定好的界限和后果行事。这意味着，如果孩子没有整理房间，由于你已经说过不允许他们出去玩，他们就不能出去，无论他们发出多少抱怨、恳求或如何哭闹、尖叫，也不论他们使用何种操纵手段。如果你退缩了，以任何方式让步了，你就是在告诉他们，你的话无关紧要，没有规则，你没有底线。同理，如果你的底线是不接受欺骗，并且你已经声明如果有任何不忠行为你就会选择离开，那么你必须坚持自己的底线，并结束这段关系。坚定的界限意味着不被任何操纵的企图动摇。

想象一下自恋者心中那个幼稚的孩童。

我接触到的许多来访者都发现，将自恋者想象成幼稚孩童有助于看清他们的行为模式。从某种意义上说，这几乎就是自恋者的本质。小孩子需要管教，他们会不断寻找界限的位置，并对此做出反应。设定健康、坚定的界限对他们和你自己都有好处。小孩子频繁地测试界限，实际上是在确认界限是否稳固。稳固的界限能带来安全感和约束感，这正是他们在试探过程中所寻求的。自恋者会像孩童一样，给你带来抵抗或报复，但明智的做法是保持坚定，不动摇自己的界限。这不仅对他们有益，也对你自己有益。否则，孩子们会学到什么呢？他们学会了操纵他人以获取自己想要的东西，就像自恋者那样。当自恋者下次挑战你的界限时，试着想象他们是一个发脾气的小孩。他们可能会抵抗、斗争、尖叫、到处扔玩具，但你应该像对待一个小孩子那样，平静地重申你的界限。不要让小孩分散你的注意力，使你偏离规则，或者让他们通过幼稚的发脾气行为得逞。

至关重要的是，你要了解自己的界限，并清楚地表达出来，尤其是当界限受到挑战时你会采取什么行动。这是你坚守自己立场的最佳策略。这并不意味着试图控制他人。如果你试图控制或操纵他人，那你已经越界到了对方的球场。你站错了地方！请回到自己的场地，维护好自己的空间和所珍视的事物。与你想要的和需要的保持联系，所有这些都是你的责任。这不是自私，而是一个负责任的成年人的表现。这样做给对方留下了学习的空间，让对方有机会对自己负责，处理属于自己的事务——如果他们愿意的话。由此产生的界限将隔离任何不健康的纠缠。这就是相互依存（健康的、成熟的、相互尊重的关系）与依赖共生（不正常的、有害的关系）之间的区别。

有了健康的界限，其他人就有可能会不同意你的选择或观点，或者对你的选择或观点感到不满，这是可以接受的。他人可以选择尊重或忽视界限。界限的作用是对这些人进行筛选。界限是有后果的。了解个人的界限、声明并坚守个人界限，是自我疗愈的重要途径。这意味着你非常清楚哪些事物对你很重要，能够就此进行健康且清晰的沟通，并且已经提前考虑过如果有人越界，你将如何应对。既然已经明确了自己的界限，就要坚守它。

以一个简单的例子来说，在我的工作中，我不能控制别人何时想要联系我。别人何时想给我发邮件或打电话是他们自己的事情（这来自他们的球场）。这不是我的责任，也不是我能控制的。执着于控制别人一定会让我陷入疯狂，我不能这样做。然而，我能控制的是，我选择何时查看和回复消息，以及我如何沟通这一点。这意味着我要清楚地告诉别人我何时会查收邮件或电话的界限。我不会在晚上或周末查看工作消息，因为我重视我的家庭和休息时间。它们对我非常重要。管理各方的期望也很重要。所以，通过明确我的界限，我只是让别人知道我在哪些时候不会查看消息。这并不会阻止别人在那些时候联系我：那不是目的。那是他们的选择和他们的责任——我不会试图控制甚至关注别人在做什么。你的界限聚焦的是你在做什么。就我而言，这样做的后果是，在这些时间里他们不会收到我的回复。我对自己的期望很清楚。我的责任是管理好自己的界限和行为。至于其他人如何回应，那是他们的事。同样，如果我规定自己在周末不回复邮件，但之后却破例了，这会给人传递什么样的信息呢？界限和后果必须明确，并且无论界限和后果是什么，你都必须坚持。

另一个常见的情形是，苛刻的老板经常要求或希望我们加班到深夜。这无疑让我们感到不悦，因为我们更想回家去做其他的事情。这种现象揭示了我们所珍视的事物——或许我们有其他更感兴趣的活动，或者仅仅是想要放松和休息！同样，这也映射出我们的价值观。然而，如果我们觉得难以拒绝，我们便会发现自己不情愿地留在办公室。对这种情况的不满可能会逐渐累积。由于我们未能明确设立界限,更加不切实际的要求便悄然滋生。领导和同事们可能会发现,我们总是那个接受任何要求的人,哪怕是一些过分的要求。他们得到的印象是,我们是从不说"不"的人。这是一种危险的自我强化过程,它意味着我们无法维护自己的界限,并且会助长更多的不满和愤怒。可以看到,在这类情形下,缺乏界限能迅速引发一系列问题。因此,直截了当地表达观点并坚守个人界限显得尤为重要。学习如何设定界限至关重要,特别是要思考哪些情绪阻碍了我们表达和坚持个人界限——这通常涉及恐惧或内疚。如果是这样,我们就找到了需要解决的问题,接下来要学会如何放手。

沟通界限的句式

以正确的沟通方式为基础,坚定地表达个人界限可以按照以下思路进行(当然,也要结合你自己的沟通风格):

> 当你做出 A(某个动作、行为或评论)时,它让我感到 B(一种情绪或感觉),我不喜欢这样。从现在开始,当你再次做出 A,我会采取 X(行动 = 离开、终止谈话等)。

我想在这里特别指出一些与自恋者有关的重要事项。一般来说,向其他人反馈其行为(A)如何影响你(B),可以是一次有益且健康的交流。有些人可能并不总是意识到自己给他人带来的影响，因此这样的反馈是非常重要且有益的。对于大多数人来说，这将带来积极的变化，使他们更加体贴，并在适当的时候调整自己的行为，避免产生消极或有害的影响。许多人都愿意接受反馈。当然，提供反馈的方式也是有讲究的。最好是以谨慎和周到的方式进行，而不是采用严厉、惩罚性或带有评判和羞辱性质的方式。当然，无论你多么礼貌地提出问题，在某些情况下，尤其是对于自恋者，他们的行为可能不会改变或停止。这时你需要管理好自己的应对策略，这才是你的责任。

当与患有自恋型人格障碍的人（或者是反社会人格或精神病患者）打交道时，上述句子中的 B 部分可能会像是在主动暴露你的弱点给自恋者。对于一些具有虐待倾向的人来说，知道他们的某些行为可能会让你感到害怕、内疚或不安，对他们而言可能是好消息。在自恋者的心中，他们只是在记下什么能让你感到不适，并在未来利用这一点来操纵你。上面的示例更适合在健康的人际关系中使用。你可能需要仔细考虑是否与生活中的自恋者分享你的情绪感受。自恋者通常不会太在意你的感受，或者更糟的是，他们会为了自己的利益而利用你的感受。

以下是一些其他例子来展示这种沟通协议的应用：

> "当你对我大声说话时，我会感到极为不适和焦虑。我不喜欢这种感觉。所以从现在开始，如果你再

对我大吼大叫，我就会离开，让自己远离这种情况，只有当你能够以平静、尊重的方式交谈时，我才愿意跟你说话。"

或者更直接地说：

"你这样大声对我说话是不行的。如果你不改变这种方式，我就不会再和你说话，直到你能以更恰当、平和的态度来讨论问题。"

也可以简洁明了地表示：

"不许这样跟我讲话。这是不对的。"

你可能已经注意到，在这三个例子中，自信、自我肯定以及界限设定的程度逐渐增强。与此同时，恐惧或内疚的感觉也在减少。此外，你应当注意如何表述越界的后果。有时候，一句简单而明确的"不，不可以"就已足够——无须过多解释或赘述。选择对你来说最合适的方式。但请记住，设定界限最重要的一点就是坚持。

不要动摇

健康的界限是以冷静、自信、温和的方式设定的，但同时它又是公平的、坚定的。这不是一场权力的斗争。随着时间的推移，在建立和守护界限感的过程中，你可能会意识到一些情绪会妨碍你坚定地表达或保持界限的能力。有些人可能会担心被反击、被抛弃或被拒绝；有些人会感到内疚，好像自己要对对方负责。也许你能感知到某种恐惧或内疚，并对此感到无所谓。觉知本身就足以让你做出改变。恐惧或内疚的感觉可能存在，你可以用心去觉察这些感觉，但仍然可以沟通并保持自己的界限。请一定要试着放下恐惧或负罪感。

然而，如果你发现自己经历了太多的恐惧或负罪感，以至于严重影响了你为自己设定和维持健康界限的能力，那么我会鼓励你去寻找一位专业的心理治疗师或心理学家，帮助你解决具体问题。可能是过去的经历或创伤让你难以承受，获得适当的支持可以帮助你渡过难关。心理咨询能引导你放下恐惧和内疚，并排除其他干扰你保持健康界限的因素。任何妨碍你拥有健康界限的东西都会妨碍你享受健康的关系。此时你需要寻求专业支持。这是一种积极的行为，也是爱护自己的表现。不妨将心理咨询视作送给自己的礼物或投资——它一定能从某种层面帮到你。

总结一下到目前为止我们提到的关键点：

★ 你有权设定界限。每个人都是如此。

★ 界限取决于你对自己的了解，知道自己珍视的事物。

★ 健康的关系源自健康的界限。

- ★ 健康的界限是自我关怀的重要组成部分。
- ★ 我们每个人都有责任设定和声明自己的界限。
- ★ 我们不对其他人的界限负责。
- ★ 明确的界限有明确的后果。
- ★ 我们应该尊重他人的界限。
- ★ 他人也应尊重我们的界限。
- ★ 你绝对有权以适当的方式表达自己的愿望和需求。
- ★ 照顾和关心自己的愿望和需求是你的责任。
- ★ 你有权表达自己的感受，每一种感受。
- ★ 我们理应摒弃成长过程中关于界限和自我关怀的所有陈旧的、不准确的或无益的观念。
- ★ 界限和自尊是相辅相成的。
- ★ 设立界限与建立自信、自尊和自我价值是并行的。
- ★ 你的界限关乎你的底线、价值观和需求。你的界限是关于你自己的。把重点放在自己身上。

设定界限的步骤

1. 在自己身上认识到你的界限是什么。你的价值观是怎样的？什么是你的底线？对你来说什么是可以接受的，什么是不可以接受的？首先要在自己身上明确这一切。

2. 清晰、直接地向他人传达自己的界限。

3. 知道或说明如果你的界限没有得到尊重，会有什么后果。

4. 坚定立场，守护界限，对越界行为采取对应行动。

反思时刻

在实际操作中，不妨先设定一些小的、可控的界限，去感知界限给你的生活带来的变化。

- 你对设定（某项）界限有什么顾虑吗？
- 设定界限的感觉如何？
- 你的原生家庭在界限和自我关怀方面传递了什么信息？
- 你认为在现阶段可以设定哪些界限？

16　与自恋者交流

　　在没有必要的工具的情况下，与自恋者沟通可能让人感到极度抓狂，仿佛你们之间的语言并不相通。自恋者渴望并企图控制与他人的交流，他们通常只在对自己有利的时候愿意开口，并且试图主导整个对话过程。

　　自恋者往往只关注自己的需求，乐于滔滔不绝地谈论自己。显性自恋者可能会夸耀自己的"丰功伟绩"，而隐性自恋者则倾向于抱怨自己最近遭遇的问题和冲突。自恋者通常会大肆宣扬自己的新成就、新特权，以及自己多么出色或烦恼，同时评价别人对他们的好坏。他们主动伸出触角，想要吸引沉默寡言、失去自己声音的依附者，这些人将耐心地、全情投入地倾听，对自恋者所讲的一切感到敬畏，并以各种方式展现出浓厚的兴趣。厄科式的依附者喜欢听别人说话，而不是自己发言。自恋者很少关心对方的感受，也没有兴趣听取他人的想法。即使他们偶尔表现出关心，那也是短暂的、不真诚的，或者只是为了达到自私的目的。自恋者可以坐在那里不停地讲话，时间长得令人震惊，这让任何从交谈中走出来的人都怀疑下次是否有机会插话。

自恋者在关系中占据主导地位，他们的沟通风格往往非常强势，具有攻击性、威胁性或恐吓性。自恋者控制沟通的一种极端方式是彻底切断联系，按照他们的意愿随时进入沉默状态。这种沉默是他们对权力的宣示，而这种沟通方式本身就是一种情感虐待。切断联系往往会让另一方感到极度焦虑和痛苦，这正是自恋者故意为之的。这只是自恋者试图掌握权力和控制他人的另一种手段。

自恋者沟通的常见方式包括：

- 沉默对待。突然切断联系。屏蔽你的联系方式或社交媒体。自恋者也会在自己觉得合适的时候重新出现，期望别人已经做好准备，愿意再次与他们进行交流，表现得就像什么都没发生过一样，并期待得到彻底的原谅。
- 公然的言语虐待和欺凌，辱骂、大喊大叫、尖叫、自恋性暴怒、指责、羞辱和威胁。
- 隐瞒信息。自恋者故意保留信息，以此来维护自己的权力和控制力。

- 故作神秘。他们不仅隐瞒信息，还会向你透露零星的信息片段，或者说出一些激发你好奇心的评论，吊足你的胃口。

- 心理投射。他们会把自身的特质或问题归咎于你或其他人。常见的说辞有："看你气成什么样了！""你真不靠谱。""你是个自恋狂！"

- 撒谎成性。

- 吹毛求疵，喜欢评头论足。

- 传播八卦，散布谣言，诽谤。

- 争强好胜。如果你有所成就，他们就要做得更多。例如你赚了些钱，他们就赚得更多；你刚开始跑步，他们就已经跑完好几个马拉松了。

- 滴灌（又称"撒面包屑式引诱"）。这是指有意地、撩拨性地一点点透露信息，让人感到好奇和焦虑。

- "分装口袋"或"分而治之"。自恋者会在群体中制造分裂，将人们"装进不同的口袋"，自己则扮演不同小团体间的"中间人"，从而阻断人们之间直接明了的交流。团结是自恋者眼中的威胁，也是他们想要瓦解的局面。这种策略不仅可以操纵关系，还能为自恋者创造机会，在他人之间制造冲突和纷争。（参见 04 "戏剧三角"。）

- 矛盾行为。自恋者的言行始终不一致。
- 推卸责任。自恋者不会为自己负责，也不会澄清自己的行为，反而干脆指责你或其他人的行为或不作为。这样做是为了让人们处于防御状态，将任何负面关注或潜在批评从自恋者自己身上转移开。推卸责任还可以用来塑造受害者人设。
- 转移焦点。为了避免受到负面关注或承担行为后果，自恋者会在对话中突然抛出无关的"重磅话题"以分散注意力，使人不再聚焦当前讨论的问题。

自恋者还有一种特别的沟通方式，类似于"钓鱼"。我会鼓励来访者将自恋者想象成滑稽的垂钓小丑：他们端坐在花园里的毒蘑菇上，头戴尖帽，手持钓竿，向你抛出钓线，并尝试用各种鱼饵吸引你上钩。而且，他们精于此道，能够识别出哪种鱼饵最容易让你上当。

此时，唯有觉知到钓鱼行为的存在，才能打破自动咬勾的循环。在现实生活中，你需要做的是：

1. 用知识武装自己：学习并了解自恋者使用的典型的沟通套路——无论是普遍适用的，还是针对你生活中特定个体的。

2. 识别：训练自己识别出自恋者用来吸引你或以任何方式影响你的诱饵。

3.**为诱饵命名**：为识别出的诱饵贴上标签（例如，"道德绑架""金钱诱惑""批评指责""激发好奇心"）。标记诱饵可以削弱它的影响力，使你免受蛊惑。

4.**认识到诱饵在你心中激起了什么**：它是否引发了你的焦虑、恐慌、内疚或责任感？

5.**认识到最容易让自己上钩的诱饵**：明确哪些类型的"诱饵"会触发你的反应，或者最有可能影响你、引诱你，使你重回自恋者身边，冲击或摧毁你的界限。分析并了解自己在沟通和互动中的弱点。

6.**做好准备**：掌握了上述信息后，你就能更好地做好应对准备，甚至能够预测自恋者可能向你投掷的诱饵。这将使诱饵失去效力，也不至于让你自己措手不及。当你更清醒地认识到这些手段，这种更宏观的视角本身就能帮助你与自恋者保持距离，避免被影响或受到负面冲击。感受对方的话语还有哪些能触动你的内心，细心体会这些感觉。深呼吸，不要急于回应，不要被刺激所左右。

7.**将注意力放在自己身上**：放慢脚步，给自己一些空间。把注意力重新聚焦在自己身上。针对上述情况，关注自己的需求。与其迎合自恋者的要求，不如在那一刻关注自己的需求。

自恋者最喜欢激发别人的情绪反应，这会给他们可乘之机。

自恋人士惯用的技巧或"诱饵"还包括：

- **故作神秘**：这是经典的"钓鱼"技巧，旨在拉拢和吸引目标。自恋者提供一些含糊的或耐人寻味的信息或评论，希望这能吸引你出于好奇或焦虑而提出更多问题。

- **虚假指控**：自恋者以此来寻求与你的互动。虚假指控是一种便捷的方法，因为人们自然会迅速为自己辩护。没人喜欢被误解。然而，请识别出这背后的实质——诱饵。当你能识别出这是诱饵，并克制住自己上钩的冲动或摆出防御的姿态时，你就能保持自由，不受牵制。无须解释或辩解。自恋者无论如何都会坚信他们自己的欲望，以及他们对事物的看法！由着他们去吧。

- **道德绑架**：通过引发内疚感，导致个人界限的崩溃。放下负罪感。自恋者需要承担责任。不要上钩。

- **扮演受害者**：为了博得同情、引起共鸣和获得理解，自恋者有时会扮演受害者，让别人同情他们。他们的目的是把别人拉到照顾者或修复者的位置。

- **过度分析**：自恋者会想要（甚至要求）"谈论"这段关系。这是另一种用来拉某人进入讨论或争论的诱饵。请注意：享受健康关系中的人很少花时间分析或讨论它，对"关系"的过度分析本身就是一个不健康的标志。

- **争论或挑衅**：故意挑起争吵。不要上钩！

- **触动心弦**：这与道德绑架类似，但旨在引起共情和怜悯。

- **对他人过度关心和关注**：用过于关心或负责的言行侵犯你的个人界限，或者不尊重你的空间，强迫你开口说话。这是一种控制行为，为了将话题和焦点转移到自恋者身上或挑起争吵。

- **辱骂或言语虐待**：故意说一些挑衅性的话，目的是刺激你，引起你的反应。

- **捕风捉影**：自恋者会把其他人的观点或意见（无论真假）牵扯进来以激怒你。与此同时，他们还要故作神秘，比如："他们对你的看法是对的……我早该听他们的……"简单来说，这是一种残忍的虐待行为，专门用来制造焦虑和不安。

- **情感操纵**：包括令人困惑且相互矛盾的赞美、礼物和辱骂。

- **沉默对待**：大家很熟悉的冷战策略。

- **直接威胁**：可以像"甜蜜炮弹"攻势一样频繁和迅猛。

- **甜蜜攻势**：用"甜蜜炮弹"对"爱"宣誓。
- **虚假希望**：把胡萝卜挂在绳子上诱惑你，所谓的"胡萝卜"是自恋者哄骗你即将实现自己的愿望。例如，结婚生子或以某种状态生活。在幻想作用下，你无法脱身。

认清这些诱饵的真面目，拒绝上钩，这其实要求你将注意力更多地放在识别和实现自己的需求上。换言之，无论自恋者如何表现或说些什么，你都不必太过认真——只需让他们自行其是。我遇到过一位自恋的同事，他经常向我传递一些含糊其辞的言论，说其他同事都在传："某某人对你有看法"或者"他们提醒过我要提防你"。起初，这确实引起了我的焦虑和好奇心。毕竟，没人愿意听到别人在背后说自己的坏话。他总是发表这样毫无头绪的评论，却从不进一步解释。这足以让我感到疑惑、心生猜忌。

我逐渐意识到，他对待别人也是如此。这种行为确实在团队中造成了不和谐与不信任，但我看清了这是他试图控制他人的方式。一旦我认识到这一点，我便识破了他的诱饵，不再轻易上钩。每当他试图刺激我时，我都会淡然处之——因为我已看穿了他的伎俩，以及那背后的控制欲。所以我会回应道："哦，好的，他们爱怎么想就怎么想吧。""那是他们的事。""好的，谢谢。"我实际上并不相信真有人说过什么，但这不是重点——我已经不会再因此内心波动。事实上，我已经停止了对他的任何反应——因为我明白，那不过是他的垂钓之举。我不能确定他是否对其他人也停止了这样的行为，但对我个人而言，我已不再受其影响，因此它对我毫无作用。这就是为什么我无法确定他是否真的停止了这种行为，因为我已经不再去注意或关心了！于是，这一切都变得无关紧要。就让他继续自导自演吧。

对于自恋者来说，激发他人的情绪反应是他们以扭曲的方式获得自我满足的手段。当你或其他人对他们产生强烈反应时，他们便更坚信自己有主导权和影响力。但你可以通过学习管理自己的情绪反应和应对方式，重新掌握主动权，进而改变这段关系的动态。这并不是说你要完全抑制自己的情绪，而是不要向他们展示情绪，或者让他们感知到你的情绪。只要自恋者知道他们能够以某种方式触动你，他们就会继续尝试"垂钓"或挑衅。而当你始终不给他们机会时，你就改变了双方的权力关系。你重新掌握了控制权。

与自恋者断绝联系

许多人询问关于与自恋者"断绝联系"的建议。我的建议很简单：

　　如果你有任何机会完全切断与自恋者的联系，那就去做吧。

　　与自恋者往来不利于心理健康，避免与之接触是上策。切断联系的初期可能会有些类似于"宿醉"一样的不适，甚至还会有一段悲伤的过程，但你可以参考本书引言中的建议，继续将焦点放在自我关怀和满足自身需求上。专注于发展更健康的友谊，做感兴趣的事，追求有意义的目标，有助于缓解离开自恋者的不适，而这一切都是为了让自己脱离关系陷阱。

　　值得注意的是，如果你决定断绝联系，而且付诸行动，这段关系也会产生质的改变。当你切断联系时，你就重新获得了控制权，但自恋者显然不会听之任之。他们会想尽一切办法刺激你，引诱你做出回应。许多人不够坚定，又一次返回有毒的关系。这就是为什么每一段和自恋者的爱恨纠缠都能持续许多年。请不要心存幻想，在自恋之人眼中，这样的拉扯就是一场权力的游戏，一次智慧的较量。他们不在乎你如何回应，关键是你做出了回应。

　　所谓的"切断联系"，就要彻底停止联系，不再接触，严格执行。同样，自恋者可能对外声称，"分手"或"绝交"是他们提出的。那也没关系，他们的故事版本属于他们的球场，那是他们的选择和责任，不在你的关注范围之内。你（或其他人）想相信什么或说什么，由你（或他们）自己决定。自恋者可以继续持有他们眼中的现实——这超出你的控制范围，纠结于此只会带来困扰和痛苦。专注于你自己，向前看。

自恋者很像上瘾的赌徒。在很多时候，他们不断下注，想知道谁能在特定时间为他们提供最好的自恋供给。另外，他们也会被偶然的赢利吸引。赌博成瘾者可以整天坐在老虎机前投钱进去，没有一次赢钱，花费数千元，却根本不记录自己的损失。然而，那一次赢钱，无论多么微不足道，都会让他们感觉自己赚到了——任何小小的胜利都会让他们上瘾。对于和自恋者周旋的你来说，你的损失更加惨重，这种持续的虐待关系所造成的情感压力和创伤无法估量。自恋者会尝试他们能想到的一切操纵策略和各种诱饵。你可能会看到他们尝试辱骂策略、甜蜜攻势、许诺全世界、咄咄逼人、侮辱、操纵、奉承、装病、道德绑架、浪漫调情等。如果你认识这个自恋者有一段时间了，那么他就会准确地知道该按动你的哪些按钮以引你上钩。通过首先意识到这一点，你可以坚定地"断绝联系"。希望你能通过阅读和学习本书中的相关内容，以及利用正念练习和自我反省等技巧来提高警觉。久而久之，你不仅会越来越迅速识别事物的本质，而且能够控制自己不去回应，淡然处之。多一点耐心，跳出固有的视角，最终你一定可以远离有毒的关系。

如果无法完全切断与自恋者的联系，那么你最好尽量避免接触。自恋者会试图以各种形式引你入局。不要让他们得逞。

这确实是你能控制的。他们可能会把球打到你的场地上，但是否要回击并参与游戏取决于你。

如果你发现自恋者在"钓鱼"，想用诱饵将你拉入圈套，请试着将自己切换到旁观者视角。观察并指出他们正在使用的手段，例如辱骂、调情、指责、道德绑架、无理取闹、咄咄逼人、危言耸听等。

★ 观察自恋者尝试使用的手段，并在脑海中为它命名。

★ 然后，观察你的内心反应。他们的言行带给你怎样的感觉？你注意到了自己的哪些想法或感受？察觉自己内心的感受，为它命名，然后以旁观者的视角观察这些感受。

★ 我需要什么？在问完自己这个问题后，继续关注自己的感受，想一想自己此刻的需求。要围绕自我关怀，找出对自己最有利的事，也就是自己的幸福和康复。询问自己："当下做出的选择是有害的，还是有益的？"

★ 牢记自己的界限。关注自己，让自恋者自生自灭。

我们觉察到正在发生的事情的时刻——以正念、客观和非评判性的方式——就是我们创造新天地的时刻。有了新的天地，就有了空间，我们就可以放慢脚步，考虑最合理的做法，而不是急于回应。

如果你与自恋者正在解决法律纠纷（例如，离婚或商业诉讼），那么尽可能让专业人士来处理。与你的法律团队沟通，让他们来处理所有的交流。

将沟通控制在绝对最低限度

自恋者会试图将你拉入讨论或辩论以满足他们自己的需求并最终夺回权力。不要上当。你的沟通要非常简短和直接。多用"是""否""不知道"或"再议"。尽量不要解释或详细说明。例如，当涉及子女的轮流看护时，直接明了地说："我将在周五下午 4 点钟接孩子。"这样就可以了。

自恋者会一心想要破坏直接、健康的沟通，试图拉你下水，改变话题，让你偏离轨道。常见的方式包括：

- 直接表现出侵略性，发表侮辱性的言论，挑起事端。
- 拒绝说话，沉默冷战。
- 试图把事情转嫁到你身上（例如，"如果你没有做 X，那我就不必做 Y"）。
- 提出可能引发你内疚、恐惧或偏执情绪的建议。
- 情感操控。
- 指责（指责你或其他人）。
- 试图转移注意力到你身上："看看你现在的行为""听

听你是怎么说话的""你太咄咄逼人了"等。

- 试图完全改变话题。他们可能会抛出最不相关的评论，试图控制和扰乱对话焦点。

观察他们的企图

后退一步，坐下来，观赏"自恋者的自导自演"。他们的行为有时会让人觉得很可笑。保持远观即可，关爱自己，不要回应，不要多言。更不要解释或参与讨论。任何形式的参与都会让他们窃喜。不要被他们"带节奏"。随着时间的推移，你甚至会发觉他们的一系列尝试是相当滑稽的。当你能看到本质——自恋者的控制企图——这就是最好的防御。

再一次，试着把他们想象成蹒跚学步的孩子。自恋者在年幼时基本上都有某种程度的情感障碍。如果你见过自恋者大发雷霆，你可能会看到幼儿发脾气的影子。大喊大叫、乱扔东西，只要能达到他们的目的，什么都可以做。当你看到这种行为时，只需把他们想象成一个蹒跚学步的孩子，然后做出对待孩子一样的回应。面对一个大喊大叫、脾气暴躁的孩子，你可能不会让他们惹你生气，不会让他们的任何言行影响到你，更不会"上头"当真。我们看到了本质：幼童的无理取闹。事实上，我们不需要，也不应该把自己卷入其中。相反，我们可以保持冷静、沉着、超然，简单地重复我们想要表达的意思。我们只需重申自己的界限。

明确沟通目标，不要偏离方向

在与自恋者进行任何接触之前，考虑一下沟通的目的——你具体想从本次交流中得到什么。你需要获取某些信息吗？例如：他会出席会议吗？他什么时间来接孩子？他还欠了多少钱？

我们应该提出一个明确且直接的问题，并期待得到一个明确且直接的回答。

有了明确的目标，你就能更容易让沟通保持在正确的轨道上。记住你想要从沟通中得到什么，不要让自己分心，也不要让对方转移话题。当自恋者试图转移话题时（他们肯定会的），你只需忽略他们的干扰，然后重申当前议题和你的问题。保持专注，这样你就更有可能得到一个简单而直接的答案。如果出于某种原因，他们拒绝或无法提供答案，那么只需客观地说明正在发生的事情。"好的，我想知道你什么时候送孩子，但你拒绝回答。我问了一个问题，你拒绝给我一个明确的答案。"尽量不使用指责的语气进行交流，保持简单和客观，不要带有挑衅性。只是做出客观的观察。然而，客观的观察有助于你在沟通和责任方面划定明确的界限。通过这种方式陈述事实，你清楚地表述了你想要的东西，并概括了他们的言行。这凸显了每个人的责任范围，更是界限的具体表现。

给自己留出时间来回应

另一个有用的技巧是给自己留出考虑的时间。自恋者会给你施加压力，迫使你做出轻率的决定。你可能并没有准备好，或者需要时间来思考自己的选择。因此，你要清楚地表达出来。例如，告诉对方"我想花些时间考虑一下"或者"我会再联系你"。这可能会激怒自恋者，他们会试图用道德绑架、情感操控或威胁恐吓等方式让你按照他们的意愿做出决定。不要顺从。你有权认真考虑自己的决定。在与自恋者的交往中，很少有情况需要立刻做出决定。要为自己赢得时间。如果你在与自恋者的交谈中感到慌乱，也要学会为自己争取时间。说你"要考虑一下"是个很好的方法，而且可以暂时结束当前的话题。这是你可以从沟通中重新获得主动权的一种方式。

界限！界限！界限！

正如我们在前面的章节中提到的，界限是健康沟通的基础。清楚地陈述你的界限，以及你设定的任何后果，然后坚定地执行。自恋者没有健康的界限，更擅长挑战你的任何界限。他们有一系列的操纵手段，从恶毒的辱骂到甜蜜的慷慨，甚至会善意地提供帮助，但最终都是为了改变你的个人界限。要能意识到这一切，才能做好防御。自恋者经常得寸进尺，他们将侵略界限视为一场博弈，一旦你的界限被摧毁，他们就能从中体验到权力和控制感。唯有坚守界限，你才能摆脱他们的阴影。

当然，在与自恋者进行这类极具挑战性的对话时，保持脚踏实地和以自己为中心是非常重要的。你既要掌握情绪着陆的技巧，还要知道如何保持定力，不被岔开话题。采用健康、直接、专注的沟通方式，也是在维护你的个人界限。

沟通提醒

- ★ 在条件允许的情况下，彻底切断联系。
- ★ 将沟通保持在最低限度。
- ★ 用直接、清晰的方式交流。
- ★ 将自恋者心中那个无理取闹的孩子意象化。
- ★ 将自恋者想象成花园里抛出钓饵的小丑。
- ★ 察觉自恋者岔开话题的行为——他们如何用无关的、随机的、敏感的话题混淆视听。
- ★ 明确沟通的目标，清楚哪些是可以谈论的、哪些是不可以谈论的。
- ★ 聚焦在关键的议题上。
- ★ 给自己时间和空间。果断结束辱骂性的对话，直接走开。
- ★ 保持坚定的界限，贯彻执行你已清楚说明的后果。

★ 只对自己沟通的内容负责。自恋者的个人解读或曲
解不在你的责任范围之内。

★ 将注意力聚焦在自己身上。你感觉如何？你想要什
么？你需要什么？

—◦ **反思时刻** ◦—

◆ 你过去的沟通模式是怎样的？从中发现问题
了吗？

◆ 你如何能够改善或提高与自恋者沟通的方式？

◆ 你了解到了自恋者的哪些"钓鱼"方法？

◆ 这符合你对自恋者的认知吗？你是否察觉到类似
的行为？你当时的感受如何？

◆ 你通常是如何应对的？

◆ 自恋者是如何赢回控制权的？

◆ 你如何掌握主动？

◆ 你担心哪些事情（如果有的话）会妨碍你掌握主
动权？

◆ 能排除这些因素吗？你是否学会了更好的沟通
方式？

◆ 提前准备一些你可能会说的话，用于随时结束与
对方的沟通。

17　缓和内心惩罚性的自我对话

现在我想谈一谈同情心的重要性——尤其是自我同情——因为它是从自恋型虐待和心理创伤中恢复的关键。我接触过许多来访者，他们要么与自恋者纠缠不清，要么是在自恋父母的陪伴下成长，这些人对压力和虐待的容忍度往往异常的高。面对施虐的伴侣、家庭成员、同事或其他人时，他们能展现出极大的善意、同情和宽恕。但令人遗憾的是，他们在对待自己时却显得格外严苛。他们忽视了自己的需求和欲望，内心充斥着惩罚性的"自我对话"。

所谓自我对话，指的是我们脑海中不断进行的内心独白，它代表了我们根深蒂固的自发思维模式。这些自我对话通常来自我们早期成长过程中经历的、听到的和被告知的事情。在童年时期，我们会根据自己的直接经验，以及与老师、父母、亲友之间的互动，形成内心的自我对话。我们如同海绵一般吸收着他们的声音。这些声音可能是积极的、包容的、有益的，也可能是消极的、排斥的和无益的。但当这些声音转化为我们内心的声音时，它们的影响力是巨大的，既能激励我们也能摧毁我们。我们内心的言语，包括其内容和语调，构成了我们与自己相处的基础，影响着我们对世界的感知，以及我们的成长和变化。尽管内心的自我对话植根于童年早期，但它绝非不可改变。在从自恋型虐待中恢复的过程中，充满善意和同情的自我对话对于个人的疗愈和成长至关重要。为了有效地进行自我关怀，并与自己建立健康的关系，我们需要培养一种积极的、有爱的、耐心的和善良的自我对话。

要意识到内心的自我对话并非易事。它是一种自动的习惯思维，很难被我们察觉。然而，这种对话每天都在影响着我们的生活。我们很少停下来思考自己的思考方式。而且，觉察内心的自我对话并不是在学校或工作中能够学到的技能，因此在开始的时候可能需要一些努力和练习。你可以尝试通过倾听自己内心的想法来开始这一过程，并逐渐进入自己的内心世界。前文提到的"正念冥想"练习可能会有所帮助。简单来说，你需要留意并观察自己的想法，就像它们是天空中飘过的云朵一样。如果你已经尝试过前面章节中的正念呼吸练习，学会了如何以非评判性的态度将注意力集中在呼吸上，那么正念冥想则要求你觉察到当下的思想在脑海中的流动。这是一种极其强大且有益的练习，它能帮助你识别并调整你内心的自我对话。

经历过自恋型虐待或创伤的人通常会有惩罚性的自我对话。人们常常难以意识到其苛刻程度，因为这是他们已经习惯了的生存方式。特别是当这种自我对话源自童年时期父母或家庭成员的批评时，它便悄无声息地融入了我们的日常思维，变得看似正常。我们不会注意到这是无益的。这些内在的批评、惩罚和消极的声音不断地告诉我们，我们不够优秀，我们所做的一切都不够好。它们不断地催促我们做得更多、赚得更多、工作得更辛苦、吃得更少、喝得更少、告诉我们应该更苗条、更漂亮、更强壮。它们让我们相信，我们应该能够轻松应对各种挑战，我们应该已经克服了所有的困难，我们应该把内心的复杂情感抛诸脑后。每当出现问题时，这些声音总是第一个跳出来指责我们，告诉我们——我们搞砸了，做错了，一切都是我们的错。这种内心的对话可以驱使我们继续前进，不断努力，取得成就，做得更好。但当这种自我对话失去平衡时，它就可能导致完美主义、自尊心低下、自我价值感低落、抑郁、焦虑、恐慌、强迫性的行为、成瘾、饮食失调、压力和倦怠。我们必须认识到，这种自我对话不仅对自恋者有吸引力，而且也是我们从自恋型虐待中恢复的障碍。

在追求卓越的道路上，许多人内心深处都伴随着一种惩罚性的声音。这种声音往往是过度成就者、充满干劲、雄心勃勃或目标明确的人常有的心态。那种"只求最好"的极端态度往往会激发动力、成功和成就，为当事人带来物质财富和社会地位的提升；然而，它也可能诱发不安全感和自尊问题。当这种追求变得刻板，当事人长期处于紧张状态时，他就容易陷入一种成瘾行为和固执的思维模式：认为一旦获得 X，就能获得快乐，或者才可以稍作休息。这正是成瘾幻想思维的核心，它可能造成失望、挫败和不满情绪的累积。通常，如果我们过分专注于追求成就，就难以创建一种充满善意、温柔和同情的自我对话。对于身处虐待关系中的人来说，这种倾向尤为明显。自恋型伴侣或父母的话语和行为，可能会加剧我们内心的惩罚性和不友好的自我对话，使我们相信一切都是"我的错"，并不断灌输"只要我做得更好、更多，一切就能好起来"的错误信念。因此，我们需要关注并改变这种批判性或惩罚性的自我对话，将其转变为更加友善、富有同情心和温柔的对话。这是从自恋型虐待和创伤中恢复的基石。

同时，驱动力极强的人在自我对话方面都带有冷漠的成分。向我咨询的来访者们甚至担心，如果他们开始用更和蔼的方式与自己对话，所有的动力和雄心壮志就会瞬间烟消云散，他们会因为缺乏动力而一夜之间变得懒散，体重也会因此暴增 100 斤！但我可以向你保证，这种极端的转变几乎是不可能的。培养一种温和的内在对话，是为了解决那种一味追求成功的冲动与自我关怀之间的失衡。这并不意味着你的职业操守和工作热情会突然消失，而是帮助你以一种更健康、平衡的视角来看待目标和成就。理想情况下，你不仅能照顾到自己的需求，还能同时追求你想要实现的目标。尤为重要的是，宽容和友善的自我对话有助于你根据自己的最佳利益做出更健康的决策，更好地爱自己。基于这样的原则，你才能更顺利地治愈自己，因为你能够以更加包容和同情的方式回应自己的经历、需求和自我。任何形式的自恋型虐待都会带来巨大的痛苦，你已经经历了足够多的苦难，所以不要通过继续自责或对自己苛刻的方式火上浇油。长期的康复和愈合要求你学会真正爱自己，这体现在你的自我对话中。

在康复过程中，我们要降低惩罚性批评的音量，提高那位更亲切、更支持我们的"内心好友"的音量。

～ 反思时刻 ～

- ◆ 通过正念冥想练习，试着在日常生活中留意你的自我对话。

- ◆ 当你犯错、迟到或丢失物品时，你脑海中会自动出现哪些想法？你对自己当前的生活状况有何看法？当你感到焦虑或压力时，你的思绪和自我对话是怎样的？这些自动的想法是何种基调？它们是善意的、支持性的和安慰性的，还是尖锐的、

刺耳的？注意这些想法是如何自动产生的。记
住：想法并非事实。

◆ 当你意识到内心的惩罚性自我对话时，问问自
己：我会这样对一个亲密的朋友说话吗？我会对
真正关心的人说这样的话吗？如果不是，那么为
何要以这种方式对待自己呢？为何你对别人比对
自己更加友好？接下来，也是最关键的一步，就
是开始用一种关爱、支持性、友善、富有同情
心、宽容和舒缓的方式与自己对话。

◆ 你很可能知道如何表现出善良和关爱。大多数经
历过自恋型虐待的人都能做到这一点。你可能非
常擅长原谅、理解和支持他人。现在是时候调整
这些技能，并将它们应用到自己身上了。对自己
充满怜悯之心。学会成为你自己最好的朋友。

如何培养自我同情

让我们回顾一下：我们在童年和青少年时期形成内心的自
我对话，对话的方式往往是模仿父母、看护者或家庭成员之间
的互动模式。同时，我们也继承了家庭的价值观和信仰，并将
成长过程中接触到的关于自己、他人、我们所生活的世界、内

在驱动力、职业道德、自我关怀、责任感、自责和羞愧感的信息内化。有些人为了摆脱不利的家庭背景，努力追求卓越，最终变得非常有上进心。对某些人来说，成长过程中的一点点坎坷也足以让他们完全进入"求生和拼搏"模式。这本身并没有错：在很多方面，强烈的动力是有益的，它能帮助我们积极地改变生活。

专注于取得好成绩、谋求好工作、赚钱，攀登事业高峰，这些都是激励我们前进的心态。但是，过度的驱动力和专注可能会使我们沉迷于理性思考，长期处于高度紧张状态会使我们疏远自己的真实情感。当这些情感在某一时刻变得过于压抑及让人不愉快或难以承受时，我们会更加执着地告诉自己要"冲！冲！冲！做！做！做！"，通过完成待办事项来期待他人的赞赏。然而，我想强调的是，这种冲动的弊端在于它使我们与自己的情绪、直觉和同情心脱节——这使我们容易受到自恋者的迫害。因此，我们需要平衡外部驱动力和对自我的同情。我们可能已经学会了把别人放在第一位，乐于照顾他人，优先满足他人的需求，却忽视了自己的需求。这是不健康的，需要寻找一个平衡点。

那么，自我同情究竟意味着什么呢？它体现在我们的自我对话中。这些内心的声音塑造了我们的思维方式，代表了我们与自己的关系。而这一切可以追溯到我们的童年，那时我们吸收了其他人对我们说过的话——可能是父母、兄弟姐妹、老师或朋友。

　　你内心的自我对话吸收了哪些童年的信息？是严厉批评的声音，还是亲切支持的语气？

　　你内心的声音会让你想起谁吗？听起来像不像你认识的某个人？

　　你理想中希望如何与自己交谈和相处？

我们中的许多人自然而然地认为，我们确实爱自己，拥有良好的自尊，能够自我关怀。但深入思考过后，他们可能会感到惊讶因为这通常总会有提升的空间。在我看来，培养一种更亲切的内心关系和自我对话，对于从自恋型虐待中恢复和预防未来伤害至关重要。这同样需要付出努力和时间。

了解自我内心对话的一个有效方法是，当你不小心受伤、摔坏手机或打翻东西时，注意一下脑海中会自动闪过什么念头。你是否会有一些自责的想法，例如"我太笨手笨脚了，我真傻，我总是这样，我应该更小心？"，还是能够以一种更亲切、更有同情心的方式安慰自己，温柔地提醒自己意外总会发生，没必要担心，事情并不严重，一切都会好起来？如果你失业了，你的自我对话会是什么？如果伴侣今天提出分手，你会作何反应？你会不会迅速责备自己，告诉自己"这是我的错"？对于最近的感情问题，你的自我对话是怎样的？

消极和破坏性的自我对话会向我们传递以下信息：

- "我应该……"
- "我不能……"
- "我必须……"
- "我永远无法……"
- "我不配得到……"
- "我很笨""我很胖""我很丑"……
- "这永远不会改变……"
- "我永远改变不了……"
- "我有问题……"
- "我命中注定……"
- "这是我的错……"
- "我做得还不够……"
- "我不够好……"
- "事情不会好转……"
- "已经太迟了……"
- "如果别人知道，他们会认为我疯了 / 我傻了 / 我是个恶人……"

这些消极的自我对话或直接或微妙，但常常无法绕开"应该"这个词。"应该"是一个非常有分量、有压力的词。它充满了义务和期望，而不是一种善意的愿望或选择。"应该"还与羞耻、内疚和责备的感觉密切相关。如果你发现自己的内心对话中充斥着"应该",那它极少起到正面作用。

如何应对这些消极、破坏性的自我对话呢?首先,我们需要通过倾听和识别自己内心的自动思维来学习抵御这种无益的自我对话。一旦我们意识到这些苛刻的、限制性的思维模式,就能试着将它们转变为更加友好、更具支持性的内心对话。

亲切、富有同情心的自我对话是这样的:

- ★ "我会尝试去做……"
- ★ "我在尽力做……"
- ★ "我想试试那是什么感觉……"
- ★ "我可以试一试……"
- ★ "我能……"
- ★ "我想要……"
- ★ "休息一下也没关系……"
- ★ "我需要……"
- ★ "试一下……会很好。"
- ★ "我会安排时间放松,享受一下……"
- ★ "我现在这样就很好……"
- ★ "我现在的……感受是合理的。"
- ★ "我允许自己……"
- ★ "这只是暂时的感受,不会持续下去……"

★ "我配得上……"

★ "拒绝……是可以的。"

★ "没关系。""会好起来的。""我很好……"

━━━━⟡ 反思时刻 ⟡━━━━

◆ 在你成长的过程中，你的家人是如何与你交谈的，他们又是如何相互交流的？你有没有听到他们评判别人？带有批评的语气吗？当你没有把事情做好时，他们会训斥吗？他们的话语是否温和的，并带有支持性的吗？他们的话语带有耐心和善意吗？他们是如何谈论彼此、邻居和其他人的？这些谈论是充满善意和同情的，还是尖刻、怨恨或批判的？他们包容吗？他们有耐心吗？他们有同理心吗？

◆ 你是如何对自己说话的？特别是当你犯错或遇到困难时，请注意你的自我对话——是善意的、支持的、有同情心的，还是严厉的、批评的和惩罚性的？

◆ 让自己慢慢觉察到内心的自我对话，以及内心声音的语气。

◆ 注意你每天是如何对事情自动做出反应的，并轻轻地问问自己，以这种方式对自己说话是否恰当。不要为此自责。认识到这一切才是最重要的，接下来才有余地用更温和的、同情的、鼓励的方式与自己相处。

◆ 如果你的好朋友或爱人面临同样的困境，你会如何回应或对他们说些什么？如果同样的经历落在你在意的人身上，你会如何安慰他们？你会用哪些话表达对他们的支持和理解？你会用怎样的方式讲话？这和你与自己对话的方式一致吗？如果不一致，为什么？

18　悲伤的过程

　　一段重要的关系从变质到结束，亲历者往往要走过一段悲伤的旅程。遭受自恋型虐待的当事人自然也不例外。精神病学家伊丽莎白·库伯勒-罗斯（Elisabeth Kübler-Ross）在其著作《直到最后一课：生与死的学习》中首次提出了面对绝症时的"五阶段悲伤模型"。这一理论后来被广泛用于处理一般的悲伤问题，包括关系结束时的失落以及适应变化的过程。

　　作为从关系陷阱中挣脱的幸存者，你可能会经历痛彻心扉的悲伤——尽管你所遭受的无疑是虐待，而离开无疑是最明智的选择。悲伤的过程可能涉及以下某些或全部阶段：

　　否认：否认是悲伤和失落的第一个阶段。虐待的冲击如此之大，以至于我们难以理解究竟发生了什么。现实的剧烈变化使我们难以置信，不愿接受。于是，我们不承认这一切已经发生或正在发生。否认是一种封闭自我感受的保护机制。然而，在自恋型虐待面前，持续否认问题的严重性是有害的。这也是为什么本书前面的章节强调了认清现实、打破幻想的重要性。否则，当我们尝试应对悲伤和失落时，否认会成为一道障碍。

愤怒：愤怒是一种完全可以理解的正常情绪。在你处理自己的经历时，你可能会遇到难以承受的伤害、痛苦和愤怒。这些都是恰当的情绪反应，我鼓励你将它们表达出来。被压抑的愤怒会向内转化，造成更严重的伤害。学会如何表达愤怒可以帮助你更快地走出困境。你可能会发现写信是一种有效的方式，它能帮助你将心中的感受转化为文字。这封信并不需要被寄出。或者，你可能会选择击打枕头或大声尖叫来发泄。明确识别出引发你愤怒的对象或原因，可能你会发现自恋者只是众多因素中的一个。释放你的怒气，让自己得到解脱。

讨价还价：讨价还价是我们试图通过矫正自身经历来减轻痛苦的一种方式。这是"如果……那该多好"的阶段。与最初的否认阶段相似，这种挣扎只是在推迟更复杂情绪的到来。

抑郁：在悲伤和失落的过程中，你可能会感到极度伤心和消沉。这并不一定意味着你有心理疾病。伤心和难过是对困难、失去和悲痛的适当反应。在这个阶段，你可能会流泪，难以入睡或比平时嗜睡，食欲改变，甚至暂时失去希望和动力。

在这个艰难的时刻，寻求他人帮助并践行自我关怀显得尤为重要。

接受：在自恋型虐待的康复之路上，接受自己的现状和情绪等是一个关键的里程碑。这时，你觉得可以接受所发生的一切，无须去控制或改变它。这并不意味着你对虐待行为表示认同。它意味着你接受了事实，从而能够继续前进。

悲伤的过程并不总是线性和清晰的。你可能会经历"向前走两步，再向后退两步"的情况——既有艰难的日子，也有平和的时刻，这都是正常的。最重要的是持续学习，对自己和自己的经历采取更加仁慈、宽容和富有同情心的态度。保持对内心感受和自我关怀需求的关注。悲伤是一个过程，它终将结束。

19　创伤与自恋型虐待

与自恋者建立的关系往往会带来心理创伤。这种关系中充满了虐待、谎言、否认、情感操控、困惑与怀疑、突然的觉察与醒悟、恶语相向、背叛和盗窃等。经历过创伤的人很难获得或维持一种更健康的心态，这也是许多人难以摆脱虐待关系的原因之一，因为在他们与施虐者之间形成了一种"创伤性联结"。在本章中，我将探讨创伤的本质、成因、识别方法，并分享一些实用的策略，让你了解合理的应对方式。

何为创伤

创伤，本质上是对那些被视为极度痛苦事件的心理或情感反应。一般而言，心理或情感上的创伤可能源于任何威胁到我们的安全感或人身安全的体验。这包括卷入或目睹交通事故，遭遇人身攻击、性侵犯、暴力行为，或者可能是突发疾病、亲人离世、承受损失或受到伤害。在更极端的情况下，创伤的来源还包括卷入冲突、战争或遭受酷刑。

当涉及与自恋者的关系时，创伤可能源自我们在感到不安全或自身系统受到冲击的时刻。这通常包括自恋者情绪或行为的突然"转变"，例如愤怒，或是发现他们在撒谎、盗窃或背叛时的震惊。它还可能源于情感虐待所带来的复杂性创伤。复杂性创伤是由于反复或长期遭受这类体验、虐待或忽视产生的。在如此艰难的时期，受害者却常常面临外界支持的缺失，人际交往的断裂。创伤会让人感到孤立无援。

创伤的产生

我们的大脑始终在处理信息。我们可能不会立刻意识到，但生活中的日常事件和体验都在不断地被大脑自动处理，并在必要时存储到记忆中。然而，当我们经历创伤，或者感受到任何形式的冲击或系统超负荷运行时，这种正常的信息处理过程就会被打断。这是因为在遭遇冲击或创伤时，我们的原始本能会自动介入，为生存让路。创伤会自动触发一系列强大的生理反应，这些反应旨在保护我们，帮助我们存活。我们的肾上腺会分泌大量的肾上腺素和皮质醇，产生强烈的能量激增。我们原始的"战斗或逃跑"反应被激活，本能地驱使我们留下来战斗或逃离威胁（其他生存反应也存在，我将在后文进一步解释）。

面对威胁，无论是感知到的还是实际存在的，我们的身体会将生存作为唯一要务。神经化学物质和激素水平在系统中的激增，覆盖并关闭了前额叶皮层、海马体以及大脑的其他高级功能区域，转而专注于身体的生存反应。基本上，这种本能反应在告诉我们："现在无暇思考，生死攸关，只能战斗或逃跑！"因为在恐慌或遭受创伤的关键时刻，我们的本能是求生，这使我们的大脑无法像处理日常非危险情境那样去处理这些经历。在遭遇惊吓或创伤时，我们的生理系统充斥着激素和神经化学物质，导致大脑的高级功能被切断和停摆。因此，那些信息或体验无法被正常地储存进记忆中。压力巨大或创伤性的体验片段未得到处理和归档，对我们的神经系统造成了影响。

确切来说，杏仁核是大脑边缘系统的一部分，相当于我们的警报器。它的重要功能是帮助我们感知危险，并对任何潜在威胁保持警惕。当杏仁核被激活时，它会立即向大脑和身体发送强大的信号，触发我们核心的生存本能——战斗、逃跑或僵住。这种反应凌驾于大脑的任何认知或逻辑功能之上，因为面对威胁的瞬间，我们最原始的本能就是只专注于生存。这就是它的工作方式。当面临重大危险时，例如殴打、性侵或道路交通事故，我们没有时间进行深思熟虑或分析。然而，当我们经历创伤或患有创伤后应激障碍（PTSD）时，杏仁核会持续处于高度警惕的状态，此刻它就像一台高灵敏烟雾报警器，无法判断烟雾或威胁只是一点点烤焦的吐司，还是整个小区都失火了。无论如何，它都会激活"战斗、逃跑或僵住"的反应。海马体通常负责将记忆归档到大脑中。在高度紧张或危险的时候，当我们经历创伤时，海马体就会停止工作，转而将皮质醇注入我们的系统以支持当下的"战斗或逃跑"。因此，由于海马体无法将经历转化为记忆，事件就一直没有得到处理。这使我们容易触发记忆中的任何片段，并引发杏仁核的烟雾报警。

当经历无法像平常一样被归档到记忆中时，神经系统就会失调。未经处理的原始记忆或创伤片段在我们的神经回路中徘徊。一旦接触到类似的场景，相关的神经回路便被触发，让我们感觉仿佛正在重新经历原始的创伤。这意味着我们会感到自己对某些触发因素反应过度或反应迟钝。这是一种痛苦且不安的体验；我们会感到危机四伏、过度警觉或孤独。我们可能会发现自己变得坐立不安，以泪洗面。随后，我们就会变得神经过敏、焦虑、抑郁、麻木、紧张、易怒或孤立。

由于我们的大脑无法处理最初的创伤经历，也就无法将其存入记忆。对于未经处理的经历，我们很容易在任何时候想起其中的某些部分，从而触发当初的部分记忆。这可能源自一种气味、一种声音、一个视觉图像、一种身体感觉，甚至是一个想法。任何事物都可以触发旧的创伤记忆，并立即带回那时的所有冲击，就好像它在此时此刻再次发生。这本质上就是创伤后应激反应。创伤超越了时间，这令人痛苦，也让人费解。我们的大脑可能并没有发现迫在眉睫的威胁，但我们的生理系统却已经不堪重负了，因而会在体内引发恐慌。眼前的情况让我们产生强烈的反应，我们却不清楚原因。如果你发现自己对当下发生事物的反应过于强烈，或许它就与创伤有一定的关联。

创伤可以被定义为任何过于震惊或突然的、超出我们控制的事情，或者由于某种原因我们的大脑无法在那一刻处理的事情。未解决的创伤不仅会给我们留下创伤和创伤后应激障碍的症状（例如闪回和噩梦），还可能导致无益的或破坏性的思维以及非适应性应对方式。有时，心理创伤未得到解决的人最终会酗酒或从事危险的性行为。它还与强迫症、焦虑症、恐慌症、饮食失调症和抑郁症有关。有时，创伤会使人犹豫不决，难以从关系陷阱中抽身逃离。具体到自恋型虐待，受害者对压力和虐待产生了很高的耐受度。虐待行为通常是渐进的，初期很难察觉，当事人会逐渐习惯，容忍度慢慢提高。某些声称对虐待免疫的来访者，其实是出现了对创伤的适应，长期生活在"求生"模式之中。也就是说，你只是在勉强度日，甚至不清楚自己是如何强撑下来的。许多生活在自恋型虐待中的人都处于"求生"模式，这本身就是创伤的迹象。它可以让人感觉有点麻木、不真实，仿佛游离在世界的边缘。

自恋型虐待会导致具有破坏性的关系创伤。如果你怀疑自己曾经或正在经历创伤，或者出现了创伤后应激障碍（PTSD）

的症状，专业的心理干预是至关重要的。特别是当恐惧、内疚或羞耻等创伤感受妨碍了你离开、终结不健康的关系或维护个人界限时，你应该毫不犹豫地向心理咨询师求助。

创伤后应激障碍和创伤的常见症状包括：

- 高度警觉。

- 震惊和不愿相信。

- 否认。

- 困惑。

- 愤怒、易怒、情绪波动。

- 流泪哭泣。

- 焦虑和恐慌。

- 内疚或羞愧。

- 抑郁。

- 紧迫感。

- 绝望。

- 有自杀的念头。

- 孤立或回避。

- 感到麻木、疏远或与外界脱节。

- 入睡困难。

- 夜间或清晨因焦虑、恐慌、闪回或噩梦醒来。

- 侵入性思维。

- 强迫观念与强迫行为。
- 持续感到紧张或神经过敏。
- 难以维持界限或拒绝他人。
- 难以离开或结束有毒的虐待关系。
- 感觉被"卡住"了。
- 身体上的感觉（例如，恶心、呕吐、心悸、头晕、颤抖）。

压力或创伤反应

我们对于压力或创伤都有一种本能的、与生俱来的自动反应。"战斗或逃跑"只是其中之一，在应对自恋型虐待的各种冲击时，还可能出现其他反应。

战斗：反抗是我们与生俱来的本能，即反击、抨击、保持并保护自己。这可能包括变得非常愤怒、好斗，甚至为了防御而进行身体攻击。外在的愤怒反映了一种对他人极具挑战性、挑衅性、侵犯性和威胁性的状态。做出战斗反应的人是偏执的，也不愿轻信他人。他们可能会拒绝支持，认定必须独自行动，不能信任或依赖任何人。他们的情绪承受能力很差。转向内部的愤怒积聚起来，变得十分危险，甚至升级为对自己的暴力行为，例如产生自残或自杀的想法。

逃跑：这是一种本能的冲动。这种强烈的原始生存本能会自动让体内充满激素以帮助你行动、奔跑和逃脱。在逃跑反应的驱使下，人们可能会试图远离引发焦虑的外部环境或人际关系，以及避免任何内部的冲突或情感体验。例如，通过饮酒或进食来逃避消极的感受。

僵住：这同样是一种原始的生存本能，让你感到完全无法动弹。僵住、冻结的反应带给你恐惧和高度的焦虑，限制了正常的行动。你可能会觉得自己无法移动或开口说话，并可能想要躲起来或直接消失。在此期间，你也可能经历噩梦、闪回和产生侵入性思维。

屈服：与自恋型虐待有关的一种常见反应是服从。此时，我们感觉自己好像已经垮掉了。为了生存，我们本能地关闭了自己，几乎不再做出任何反应。这会让人感觉有些麻木。你可能会感到疲倦，没有动力，疲惫不堪，甚至可能出现心身疾病。在这种反应下，我们是顺从的，不想引起任何麻烦；我们害怕惹恼别人或让别人不高兴。我们会说"随便吧"，并就此躺平。我们可能还会感到内疚和羞愧。

（成为）朋友：在情感虐待案例中这是一种复杂的反应，它体现了对"照顾者"的病态依附。我们在压力或创伤时刻变得高度依赖他人的支持和安慰。我们寻求依附。这种需求感有时甚至是绝望感，也会变得扭曲。当事人倾向于认为自己是完全无助的，需要他人的支持、救助和拯救。为了满足自己的需求，他们会依附他人，甚至会操纵他人，表现出可爱、幼稚和无助的样子。做出这种反应风格的人需要被喜欢，也害怕被抛弃。

身心"容纳之窗"

"容纳之窗"（WOT）是由精神病学临床教授、创伤疏导专家丹尼尔·J. 西格尔（Daniel J. Siegel）最初提出的神经系统调节模型。它概括了我们的大脑与身体在受到压力或创伤时的不同反应。该模型提出，我们的神经系统中有一个理想的最佳唤醒范围，被称为"容纳之窗"。在这个窗口范围内，根据不同的活动或压力水平，有轻微的波动起伏的变化空间，但通常我们都能适应且感觉良好。身心"容纳之窗"代表了心理安宁的避风港，让我们能够高效地处理日常任务，并为自己的行为做出明智的决定。

当过度的压力、刺激或创伤性事件闯入我们的生活，尤其是当未解决的创伤经历被触发，或者我们处于自恋型虐待的环境中时，我们的神经系统的反应会被迫跳出"容纳之窗"的安全区域。它要么飙升到高于"容纳之窗"的过度觉醒状态，要么骤降至低于"容纳之窗"的觉醒不足状态。这些反应也与我们原始的生存本能紧密相连。

过度觉醒状态的特点是高度恐慌和焦虑、恐惧和过度警觉。如果我们处于过度觉醒的亢奋状态，我们就会坐立不安、高度紧张、神经质、烦躁，甚至可能愤怒或暴躁。我们的神经系统不堪重负。我们神经紧绷，情绪激动，无所适从，并在饮食或睡眠方面遇到困难。过度觉醒在很大程度上是"敏感的报警系统"被激活。

觉醒不足则完全相反。当我们的系统不堪重负，进入"关闭和切断"模式时，这种反应便会出现。在这种触底状态下，我们会感到麻木、疏离、脱节、平淡、抑郁或疲劳。我们可能会觉得自己一无所有，无所奉献，只想躺在床上。

压力和未处理的创伤都与自恋型虐待相伴而生，会扰乱和破坏神经系统。这意味着我们可能会发现自己迅速转变到高于或低于"容纳之窗"的状态。无论哪种情况，都会对我们的心理健康和幸福造成困扰和损害。自恋型虐待的经历一定会让我们脱离自身的"容纳之窗"，使我们走向极端，甚至可能在两个极端之间摇摆不定。这可能发生在特定的时刻，也可能在长期受虐的情况下成为一种生活方式。此外，在承受巨大或持续的压力时，"容纳之窗"的范围会缩小且变得异常狭窄，以至于微小的压力或刺激就能将人推向极端状态。

现在你理解了"容纳之窗"的模型，当压力或创伤反应发生时，你或许可以更敏锐地感知到自身的状态变化。这种觉察对于降低生理唤醒水平非常有帮助。一旦我们有意识地发觉此刻正在发生的事情，我们立即就有了行动的余地和空间——而不是感到完全被吞噬或被消耗。我们可以用一种积极的、客观的和富有同情心的方式观察当前情况，而不是盲目地做出反应，或任由自己被裹挟。当旧创伤的阴影再次笼罩时，我们不再是漩涡中无助的孤舟，我们能够运用各种技巧抵御这股漩涡，缓解和管理过度觉醒或觉醒不足的状态。关键在于识别自己的感受，了解自己正处于"容纳之窗"的哪个位置，并尝试找到最恰当的应对策略。

缓解和管理过度觉醒的技巧

★ 正念觉察。注意当下内心发生了什么，包括任何想法、感受或身体感觉。正念意味着你只是观察，察觉你的杂念和欲望，但不去试图改变任何东西。你甚至可以在心中为你注意到的事情命名或做个记号。

★ 提高对身体和生理状态的意识。从头顶开始，向下移动到下颌、胸部、呼吸、颈部和肩膀、腹部、手臂和腿部……注意每个部位的感觉（例如紧张、刺痛、麻木、温度、能量状态等）。

★ 活在当下。创伤没有时间感，因此当它被触发时，我们的某些部分无法意识到自己正处于与最初创伤不同的环境中。环顾四周，立足当下。提醒自己："我很好，我会好起来的。"

★ 运用你所有的感官，集中精力做好情绪着陆。

★ 练习自我安抚。当你觉察到身体的不同感觉时，采用正念呼吸，将注意力集中到不舒服的部位，轻轻地放松和释放任何收缩或紧张。安慰并告诉自己"我没事"。

★ 缓慢地深呼吸，直到过度亢奋的状态有所平息。瑜伽式深长呼吸可以在几分钟内帮助抚平神经系统的紧张。具体来说，呼气时间是吸气时间的两倍，有助于平静、缓解紧张和压力。在使用这种呼吸技巧的同时，将注意力集中在身体有不适反应的特定部位。重要的是，你可以通过这种掌控呼吸的方式向大脑报警系统发送信息："我没事，我很安全。"

★ 出去走走。

★ 运动。缓慢而有节奏的运动也是有效的，例如散步、慢跑、瑜伽、游泳或太极。

★ 正念冥想。正念呼吸有助于平息过度觉醒的状态。

★ 喝一杯热饮，可以考虑含有洋甘菊的草本茶饮，具有缓解焦虑的功效。

★ 做一些完全不同的事情来转移注意力——下厨、清扫或整理物品。

★ 打电话给朋友，与能够为你提供情感慰藉的人交谈。

★ 听一些平静或舒缓的音乐。

★ 闻一些舒缓或镇静的气味，例如薰衣草的味道。

★ 拥抱。拥抱的对象可以是宠物、柔软的玩具或某个人。

有时你可能会发现，上述各种技巧都无法安抚亢奋的自己。当体内有太多过剩的能量时，最好的办法其实是将它转移和释放出来。如果你在自己身上识别出了冻结反应，打破僵局同样需要某种释放。在这种情况下，你可以尝试：

★ 进行激烈的身体活动。去跑步。在地面上跺脚。做一些深蹲、俯卧撑或仰卧起坐，直到你感觉到能量的排出。

★ 尖叫。

★ 猛烈击打靠垫。

★ 扔球。

缓解和管理觉醒不足的技巧

★ 与上文相同的正念和身体感知技巧。

- ★ 起身活动，激活身体。走路、伸展、跳跃、跳舞、游泳——拍打、挤压或按摩身体的各个部位。做俯卧撑或深蹲——任何能让身体动起来、充满活力的运动。
- ★ 激活和刺激感官。
- ★ 到户外呼吸新鲜空气。深呼吸，振奋精神。
- ★ 闻一闻浓烈的（非刺激性的）香味，例如咖啡或精油。
- ★ 赤脚在草地上行走。
- ★ 吃味道浓郁或松脆的食物，唤醒味蕾和感官。
- ★ 触摸和感知不同的质地。
- ★ 播放一些振奋人心的音乐。
- ★ 在日光下散步。

此外，当未被处理的创伤被无意间触发时，无论你发觉自己出现了亢奋还是低迷的反应，我们的大脑在那个时刻都会失去对时间的判断，仿佛那些痛苦的往昔正在重新上演，因为未解决的创伤是超脱于时间的。

通过使用正念觉察、对身体和呼吸的感知，以及上面分享的其他技巧，你可以尝试平息这种反应，安抚自己，尽快让自己回归当下。将注意力集中在"此时此刻"，这样你就可以通过感官向大脑传递有意识的信号，提醒自己现在的环境并非当初的险境。虽然我们的生理反应可能并不总是能实时认清这一点，但有意识的觉察能够强化我们对现实的感知，起到镇定的作用。具体来说，你可以慢慢让自己适应当前环境，环顾四周并识别你能看到的物品或事物，并在你的脑海中说出它们的名称。触摸身边的事物也是有帮助的——座椅、墙壁、地板——用这些坚固稳定的物体来提醒自己现在很安全。当然，自我同情在这些时刻也至关重要。希望你已经开始练习前面章节讨论的话题，并找到了内心温柔的、善良的支持感，它将在困境中成为你的灯塔。当焦虑或旧的创伤被触发时，惩罚性的自我对话一定会跳出来告诉我们，灾难来袭，一切都不会好转，失败是注定的。而自我同情的声音会非常平静地提醒我们：我没事，这一切都会过去，这只是以前的事情，我现在很安全，一切都会好起来的，这不会持续太久。

试着找到你喜欢的或对你最有效的特定技巧。练习得越多，就越容易在必要时刻迅速调用。因此，不要等到情绪被触发时才匆忙尝试，建议你定期进行练习，这同时有助于平息和解决神经系统的紊乱，减少情绪的剧烈波动。身体意识、正念练习、呼吸练习和瑜伽都是有益的工具。我特别推荐定期进行正念瑜伽和呼吸练习，这能帮助你迅速恢复平衡，让亢奋或低迷的状态更快消失。一些特定的心理疗法可以用来应对更深层次的未处理创伤，但我会建议你在专业人员的指导下完成。创伤疏导专家能够以温和、安全且有效的方式帮助你解决问题。

一旦开始处理这些创伤，你会发现与之相关的症状和触发因素逐渐减轻。这足以提供巨大的安慰，进而支持你重建界限，重获安全感，找回平静、满足的生活。下一节我们将探讨一些常见的创伤治疗方法。

创伤和 PTSD 的治疗方法

如果你承受着自恋型虐待的特定创伤带给你的困扰，可以考虑寻求心理治疗。并不是每个人都需要如此，但我个人认为，如果你长期感到压抑或焦虑，沉浸在过往的痛苦中，或者发现自己很难释怀，那么专业的创伤疏导无疑能为你提供帮助。我之所以强调具体的创伤疗法，是因为如果你能与心理专家合作，找出自己的关键创伤，那么你就能更顺利地进入解决问题的阶段，从而改善自己的状况。我明白，有些治疗方法可能会建议你独自进行创伤恢复或治愈。如果你愿意尝试，我绝对尊重你的选择——毕竟，信任自己的直觉、了解自己所需是非常重要的。

然而，我并不推荐独自面对。原因有很多。当旧的创伤被触发时，你会觉得自己被吸进了往事的漩涡中，无力抵抗。仅凭一己之力可能很难集中精神，回到现实。如果情况持续恶化，你也许要几天、几周，甚至更长时间才能逃离困境。而一位受过训练的创伤治疗师能适度唤醒你的记忆，激活神经系统，让你在不被压垮的情况下处理旧的创伤。独自贸然尝试，可能会导致情绪崩溃，甚至造成新的创伤。

我鼓励你与治疗师合作的另一个原因，是因为自恋型虐待导致的创伤是一种"关系性"的创伤。这种创伤发生在人与人之间，是人对人的背叛。经历过自恋型虐待的人，特别是在缺乏家庭支持的环境中成长起来的人，往往会变得过于独立。我自己就曾有过这样的经历，而这本身就是个问题。通过与治疗师合作，你可以克服并解决这种关系性的创伤，体验人与人之间的信任和沟通，这对从创伤和虐待中恢复过来至关重要。根据我个人的经验和实践，我推荐以下几种治疗方法。

眼动脱敏与再加工疗法

眼动脱敏与再加工（EMDR）疗法是一种强大的心理治疗技术，可用于处理创伤和复杂性创伤，减轻创伤后应激障碍的症状。EMDR 通过使用双侧刺激（即激活左脑和右脑的活动），使患者集中关注那些激起强烈情绪反应的记忆或体验，帮助大脑温和地处理未解决的创伤。我们在回忆或讨论某个特定经历时会感到不安、激动或流泪，这可能意味着我们有未处理的记忆，而 EMDR 能够帮助我们重新处理这些记忆。对某些事物或情境特别敏感，或者反应过度，都可能是未处理创伤的迹象。虽然 EMDR 无法抹去记忆，但它可以显著减轻相关的痛苦和焦虑。在获得患者的同意后，我会引导他们回忆或讨论那段有害的关系，而康复的目标之一就是能够平静地回想过去，这表明过去的经历已被妥善处理，并放在了恰当的位置（过往的经历属于过去）。我在临床实践中经常使用 EMDR，患者通常喜欢这种治疗方法，因为它既温和又有效，能迅速带来改变，帮助人们摆脱自恋型虐待的阴影。你可以通过多种方式在当地或附近寻找 EMDR 治疗师，或访问 EMDR 协会的网站了解更多信息。

感官律动心理疗法

感官律动心理疗法是由帕特·奥格登（Pat Ogden）于 20 世纪 80 年代初创立的一种基于身体的治疗方式。奥格登曾是瑜伽和舞蹈教师，并在精神病院工作，她对心理学和身心分离现象产生了浓厚的兴趣。她发现，广为人知的创伤后应激障碍实际上同时影响着心灵和身体——过去的创伤经历一旦被触发，就会引发痛苦和不安的记忆，导致心智与身体之间的分离。奥格登开发了一系列以身体为基础的特定干预措施和方法，其中包括罗恩·库尔茨（Ron Kurtz）开创的哈科米疗法，旨在重建身心的联系。这样就可以缓解创伤、压力反应和焦虑症状。感官律动心理疗法汲取了包括神经科学、分析和正念疗法在内的多种理论方法。

体感疗法

体感疗法则是另一种注重身体感觉的治疗方式，目的是缓解创伤和创伤后应激障碍的症状。这种由彼得·莱文（Peter Levine）开发的方法涉及有意识地追踪身体的感觉和内在的体验以帮助平静神经系统，并支持个体找到恢复平衡状态的途径。上述两种自下而上、基于身体的治疗方法都是温和且具有支持性的，可以帮助人们从虐待和创伤中恢复过来。

所有这些治疗方法都非常有助于恢复有意识的身心联系，并通过温和地促进身心连接来缓解痛苦的记忆、感觉或经历（包括自恋型虐待）。身心的统一增强了我们对内在感知的信任。

重要的是，这些方法不要求你深入探讨创伤记忆的所有细节，因此不太可能导致再次受伤。相反，它们有助于温和且迅速地处理任何未解决的痛苦，给予人们喘息的空间。许多人报告说，经过几次科学的创伤治疗，他们感觉明显好转。当然，关键是找到适合你的治疗方法和治疗师。你可以在线搜索治疗师，或向朋友和家人寻求推荐。创伤治疗应当始终是一个支持性的、温和的过程。在我看来，如果你遭受过创伤，你已经承受得够多了，那么从这一点出发，任何投入都应该是温和的、具有支持性的和富有同情心的。

20 感谢与认可

在康复的旅程中，我们已经探讨了自我关怀、情绪调节、界限设定和创伤的处理等话题，现在我想建议你尝试一项强大的感恩练习：每天对值得感激的事物进行确认。这不仅能促进更友好的内在对话，还能以类似的方式转变你的视角，为摆脱关系陷阱提供持续的动力。在我看来，认可和感恩的力量不容小觑。它能带来深刻的心理转变，并成为培养积极思维的坚实基础。我知道，在这样一个艰难的时刻思考感恩会令一些人感到费解，但正是在困难的时期，感恩的心态能带领你走出阴霾。

在每天结束时，花一点时间记录下你所感激的事情。这需要持之以恒的努力和心态上的转变。一开始，这似乎是个不可能完成的任务，但如果你每天能列出一两件真心感激的事项，就已经是个好的开始。随着时间的积累，你会发现你的日常感恩清单越来越丰富。

　　试着每天晚上写一份感恩清单。列出当天让你心存感激的点滴。目标设为 10 条，或者尽可能多地书写。

　　以下是一些"感恩清单"的示例项目，希望能带给你启发：

- ★ 我很庆幸今晚能有个栖身之所。
- ★ 我很感激今天的饮食丰盛。
- ★ 我很庆幸摆脱了有毒的环境。
- ★ 我感谢我的孩子 / 朋友 / 家人。
- ★ 我感激朋友的支持和理解。
- ★ 我感谢我所学到的一切。
- ★ 我很庆幸我有阅读的能力。
- ★ 我很感激有小狗相伴。
- ★ 我很庆幸我正在学习健康的人际关系。
- ★ 我很感激我现在可以为自己做出积极的选择。
- ★ 我很感激有这份工作。
- ★ 我为我的健康感到庆幸。
- ★ 我感激今天在大自然中愉快地散步。
- ★ 感谢咖啡！
- ★ 我很感激现在的平静时刻。
- ★ 我感激我正在学习如何照顾自己。

- ★ 感谢今天对我微笑的陌生人。
- ★ 感谢更高源头力量的存在。
- ★ 我感激我获得的洞察和意识。
- ★ 感谢今天的天气。
- ★ 我感激今天我能去看望邻居。
- ★ 我很感激我不是一个自恋者。
- ★ 我感激自由的生活。
- ★ 我为自己还活着而感激。

你可能还想在晚上的"感恩清单"中添加一个平行清单，记录下当天自己所做的事情或取得的成就，并给予自己认可和肯定。无论成就的大小，都要具体描述。这同样是建立自尊、友善的自我对话和改变心态的有力工具。

这份清单上的成就可能包括：

- ★ 我今天成功起床了。
- ★ 我今天很有成效，完成了好几项工作。
- ★ 我做了运动。
- ★ 我选择了健康的食物，今天吃得很好。
- ★ 我今天尽力支持了处于困难时期的朋友，我是个合格的朋友。
- ★ 我今天在工作中表现得很好，在会议上发言，尽管我很紧张。

★ 该休息的时候我就停下来休息了。

★ 我打扫了房间。

★ 我帮助年长的邻居购物了。

★ 我很善良。

★ 我带小狗去散步了。

★ 我和母亲通了电话。

★ 我做了瑜伽。

★ 我支付了账单。

★ 我做出了一个重要的决定。

记住，这份清单是属于你的。你可以随意添加任何内容，无须自我评判。

───── ❧ 反思时刻 ❧ ─────

◆ 今天我对什么感到感激？

◆ 从我的经历中我可以感激什么？

◆ 今天我认可自己的哪些方面？

◆ 做完"感恩和认可"练习，是一种什么感觉？

◆ 坚持这项练习几周或几个月后，我有哪些改变？

仁慈、同情、感恩和自我关怀——这一切只关于你。为了完成本章的练习，你可以买一个漂亮的新笔记本。找到你想要写的内容，每天花几分钟的时间来反思和确认你所感激的一切。我相信，用纸和笔写下来比用键盘输入更有力量。一段时间过后，回顾一下以前的清单也会很有趣。最重要的是每天坚持。留出一些时间来做这件事，最好是在晚上，这样你就可以回顾当天的经历。让它成为你日常生活的一部分，就像刷牙和上床睡觉一样。有些内容可能很容易记录，有些可能看似乏善可陈。付诸行动是最关键的，不妨今天就开始吧，然后坚持几周，观察自己的变化。

第四部分
走出阴影

关系陷阱

如何识别与应
对面具下的极
端自恋者

21 给朋友和家人的建议

我们不忍心看到自己在意的人遭受任何形式的虐待。关系陷阱受害者的朋友、家人或同事往往会感到困惑,不明白侵害者为什么就是看不出自己受到了恶劣的对待,为什么就是不肯离开。所有的建议和恳求似乎都成了耳边风。目睹所爱之人挣扎,我们的内心也随之痛苦,而担忧和挫败感可能会阻碍我们采取适当的行动。我经常听到旁观者诉说着无奈——他们觉得自己无法介入,也不愿深度参与其中。所以我想在这里提供一些建议和指导:如果怀疑有人陷入了自恋型虐待,作为旁观者,应该如何发现与回应。

首先要注意的是,任何形式的虐待都是绝对不能容忍的,家庭暴力更是违法行为。身体虐待是最容易被察觉的一种形式,如果有任何身体暴力的嫌疑,一定要向警方报告;如果担心，甚至可以匿名进行。不幸的是，大多数自恋者通常比其他人更狡猾，不会留下明显的痕迹。自恋型虐待也被称为"隐性虐待"，因为它在情感和心理上更具控制性和操纵性。许多从关系陷阱中逃脱的受害者表示，他们其实希望对方能发生肢体冲突，因为这会让他们更容易认识到这段关系的虐待本质。我的客户也常说："但他／她从未打过我。"仿佛只有身体上的暴力才算是虐待。然而，事实并非如此。英国政府的最新指导方针已经将心理、情感和经济上的控制和威胁行为纳入了虐待的定义。

自恋者会让伴侣、同事或家庭成员产生强烈的自卑感和自我怀疑。被困在关系陷阱中的人会觉得"是我不好""是我的错"。而局外人往往能更清楚地看到这绝对不是他们的错。因此，有必要提醒他们看清现实。

> 除了施虐者，虐待行为从来不是其他人的过错或
> 责任。

我们都应该为自己的行为负责。自恋者也要为自己的行为负责——但他们往往不愿接受这一点。但这是他们的责任，而不是你的。

对于那些与自恋者交往的人来说，他们对现实的感知和态度可能会严重扭曲。这些人往往落入了接受自恋者视角的陷阱，错误地认为自己才是问题所在（例如："如果你没有那么强

的占有欲，我就不会背叛你。"）。以下是一份建议和警示信号清单，旨在指导我们如何以家人或朋友的身份提供关爱和支持：

★ 提醒我们的朋友或亲人，问题不在他们身上——自恋者是在不公平地虐待他们。

★ 支持你所爱的人看到自己的积极品质——帮助他们建立强大而健全的自尊。

★ 提供一个比较，帮助他们从更健康的人际关系角度看待自己的遭遇（例如："如果我告诉我的伴侣我升职了，他会由衷地为我感到高兴并支持我……而不是认为我做得好就是自大或傲慢，或者以任何其他负面的方式回应。"）。

★ 提醒并确保他们知道：在人际往来、工作环境或其他情况下哪些是可以接受的行为或语言，哪些是不可以接受的。

★ 记住，自恋者会有意无意地想要孤立他们的"猎物"（我们每个人在没有社会支持的情况下都会更加脆弱），请将此作为一个信号加以注意。错过社交活动的朋友或同事是谁？谁是那个不得不提早离开的人？谁整晚被伴侣查岗，询问他们在哪里以及和谁在一起？他们是否因为外出而受到检查或以任何方式受到惩罚？

★ 一旦家人或朋友停止与当事人交流，他们就有可能处于被孤立的边缘。你可以做的就是了解他们的情况，鼓励他们与亲朋好友保持联系以及主动求助。温和地鼓励他们谈论自己的情况、感受以及他们正在经历的事情——而不是以自恋的伴侣为中心。

★ "就算你告诉别人，也没人会相信你"——老练的自恋者可能已经在受害者心中种下了这种想法。如果有人向你透露伴侣的施虐行为，请相信他们。

★ 直接明确表示自恋者的行为或言语是虐待性的、不适当的、有害的、伤人的、欺凌的、恐吓的，是不可接受的。

★ 说出你所看到的或听到的。你可能比任何当局者都更适合这样做。

★ 与自恋者交往会让任何人觉得自己快要疯了。向他们保证他们并没有失去理智，并告诉他们这是自恋型虐待所致。

★ 向他们保证，你和其他人都在他们身边，他们可以随时与你联系（并且付诸行动）。

★ 帮助他们制订逃生计划：在必要时，可以去哪里避险。如果他们需要快速离开，可以为他们准备一个应急包。

★ 切勿妄加评论。

★ 请尽量保持耐心。从旁观者的角度看着伤害发生无疑是非常令人沮丧的。然而，不同的当局者心态不同、经历各异，他们都需要时间才能看清真相。

★ 如果你非常担心某人的安全，或者如果有任何儿童安全方面的顾虑，请联系当地服务机构和受过训练的专业人士，以便他们能够进行干预。

22　继续前行

在伦敦地铁的一角，我曾瞥见一张手写的标语，它似乎真正抓住了从自恋型虐待中康复的本质。那是一则"每日佳句"，上面写着：

> 不要因为小丑的表演而责怪小丑。扪心自问，你
> 为什么总要去马戏团捧场？

自恋者的心理状况并不健康。这并非你的过错，你也没有责任将他们变得更好。你不是他们的心理医生。自恋型人格障碍无法轻易治愈。但是，摆脱自恋型虐待、厄科的悲剧以及依赖共生关系不仅是可能的，也是可行的，关键在于你自己的成长与复原。

我衷心希望书中的建议能对你的康复之旅有所帮助。自恋型虐待是一段可怕的经历，足以考验任何人的意志力与理性思

考能力。当我深陷其中时，我感到了极大的心灵创伤。仿佛被卷入一场无情的龙卷风，随后又被残酷地抛出。我变得支离破碎，生活失去了方向。有一段时间，我几乎无法进食或安睡；还有一段时间，我则沉迷于对这场混乱的理解和感悟之中。我迫切想要明白他为何要那样做，渴望让他认识到自己造成的伤害，并为此负责。

在自我和解的过程中，最难接受的事实莫过于：我可能永远得不到答案。他是一个擅长操纵和说服的强迫性说谎者。我不得不接受，真相对我来说是可望而不可即的。对答案的期望是不切实际的，也是徒劳的。他无法为自己的行为担起责任。我只能管理好自己的事务。为了真正的自我疗愈，我必须放下让他意识到错误或期待他改变的幻想，放下自己的控制欲。正是因为我执着于纠正他、改变他，以及为自己辩解，才令我陷入无尽的痛苦。但现在，我明白了，他可以随心所欲地思考和选择。我不再需要纠结于他或其他人的事情——这真是莫大的解脱！

对过往的痴迷也是一种创伤反应，我必须学会放手，不再沉溺于对他的思念和那段关系的回顾；我曾以为能够理清一切，却发现自己只是在原地打转。借助正念和瑜伽练习，我尝试帮助自己走出困境，并运用本书的方法逐渐将注意力重新聚焦在自己的身上。于是，我开始面对自己"球场"上的问题，这才是真正需要着手的地方。当我们停止关注他人，将视线转向自己时，我们不得不直面内心的恐惧、焦虑、不安和过往的伤痕，以及我自己身上的控制欲和自恋特质。随着对自己的深入了解，我踏上了一段深刻的自我探索和恢复之旅。对此，我充满感激。我相信，生命中的每一件事都有其存在的意义，挑战本身就是一次学习和成长的机会。我可以坚定地说，经历了自恋型虐待之后，我感激那段艰难的时光，因为它激励我切实采取行动，关爱自己，确保自己再也不会受到类似的伤害。

多年来，我目睹朋友们在有毒的关系中不断重蹈覆辙，每一次都历经地狱般的折磨。在我终于挣脱陷阱的时刻，我发誓自己绝对不要再经历那番煎熬，绝不！我非常感激那些经历，它们极大地丰富了我的工作，使我得以分享这些经验和知识，帮助他人，这是我一直以来的夙愿。只有亲身经历过自恋型虐待的人，才能真正理解它的邪恶本质。它犹如一种黑暗魔法，以多种方式造成创伤。我所走过的康复之旅，是一段自我重塑的旅程。正所谓破而后立，在这个过程中，我明白了真正的自尊、同情、界限和沟通是什么，为今后的生活和人际关系的建立打下了坚实的基础。

我相信，正如本书开篇所言，首要步骤是认识并理解自恋和自恋型虐待，这有助于满足我们的大脑对理解自身经历的需求。这也是后续所有工作的基础。接下来，关键是找到方法，从陷阱中解脱出来，并以温和、富有同情心的方式将焦点重新转移到自己身上。然后，真正的修复工作才会开始。

以下是康复过程的关键要点：

专注于自己：从一段虐待关系中康复，为自己提供了成长和蜕变的机会。我坚信，你可以通过自身努力打破任何破坏性关系的模式——这是一项内在的工作，包括专注于自己的行为和问题、自己的兴趣、自我关怀的需求和自尊，并接受各种情感体验的出现。你无法改变自恋者，但你可以改变自己，并从中受益。

允许自己去感受：与自恋者在一起的经历就像坐上过山车，会留下许多复杂的情感。你可能会为这段关系感到悲伤，其中有告别、有失落。不要抑制你的悲伤。允许自己去感受任何出现的情绪，并用温柔、善意、宽恕和同情来回应它们。

使用情绪调节和自我安抚技巧：这些实用的策略可以帮助你应对自恋者，并支持你走完康复之旅。它们是自我关怀以及心理和情感健康的基础。

放弃试图改变或控制自恋者的想法：你是芸芸众生中的普通一员，无权改变或控制其他人。更重要的是，你为什么想要这样做呢？试图控制或改变自恋者，或者期待他们能改过自新，只会加重自恋型虐待的枷锁。控制欲反映了你自己内心的问题，请将焦点重新放在自己身上，探索和解决这些执念的根源。

承担起责任：为自己负起全部责任是你能做的有力的行动之一。不要期望别人来拯救你、治愈你或为你负责。你要对你的注意力和努力的方向负责。你要对你的选择负责，对你的生活负责。拥抱并享受这个成长的机会。当你为自己承担全部责任时，你就掌控了局面。通过这样做，你也可以放下过度的责任——放弃那些不属于你或不是你的责任的事务。

放下旧的、无益的或不准确的信念：我的意思是放下你对自恋者的内疚、责备、恐惧或责任感。在健康的关系中，我们允许对方为自己负责。每个人都应该成为一个完全对自我负责的成年人。同时，你可以专注于你自己和自己的选择，释放那些不必要的负担、内疚或恐惧。这样的关系才能更健康，为双方带来益处。同样，你也要放弃那些关于自己的陈旧、无用或不准确的信念。

保持真实：在康复过程中，远离幻想，坚守现实至关重要。踏实地活在当下，关注眼前发生的事，而不是被自恋者的花言巧语所迷惑，或者陷入虚幻的美好承诺。自恋者不会改变，奇迹也不会凭空出现。你需要从更实际、更准确的角度去看待事物。保持简单，保持真实。

界限，界限，界限：无论是日常交往还是体面分手，都要牢记自己的界限！界限意味着你在自己的"球场"上专注于你自己的事情。界限是抵御自恋者的强大武器，是重获主动权的关键，是你恢复理智的基础。就像一棵深深扎根的参天大树，有了坚固的界限，我们对他人的行为、言论或威胁的反应（甚至兴趣）就会减少很多。健康的界限是建立健康关系的根本。

找到你的朋友圈：我认为，经历自恋型虐待使你有机会重新评估所有的关系。在康复的过程中，你可以真正理解自己的价值观和人生目标，包括自己想成为谁和被谁围绕。找到真正的同行者，他们的支持对你的成长至关重要。这个圈子不需要很大，几个真正关心你的朋友就足够了，他们把你的幸福放在心上（反之亦然），这本身就是一种治愈。加入支持小组或团体也是一个很好的选择。

我坚信，你能够从自恋型虐待中恢复过来，并且随着时间的推移，这甚至可能变成一段值得感激的经历。保持清醒，关爱自己。与内心的自我和解——这或许是你能送给自己的最好的礼物。你一定能找到方法，让过去留在过去，然后继续前进，成为自己生活的主宰。

祝愿你的康复之旅和人生之路一切顺利。

↘ 23 尾声

蝎子和青蛙

有一则关于蝎子和青蛙的古老寓言：蝎子请求青蛙背它过河。青蛙起初犹豫不决，直觉告诉它，这并非明智之举。谨慎总是有道理的。青蛙知道蝎子会用毒刺攻击，它害怕受到伤害。但蝎子向青蛙保证，它不会用毒刺伤害它。蝎子解释道，如果它刺伤了青蛙，它们俩都会沉入河底，那就没有任何意义了！经过一番思考，作为一只乐于助人的青蛙，它决定帮助蝎子过河。然而，在渡河途中，蝎子还是忍不住刺了青蛙。厄运降临，青蛙和蝎子一同沉入了深水之中。

被刺伤的青蛙震惊无比。它感到全身麻木，呼吸困难。带着困惑、意外和不安，青蛙问蝎子为什么蜇它。蝎子直截了当地回答道："我是一只蝎子，蜇人是我的本能。"

蜇人乃是蝎子的天性。这是众所周知的事实。青蛙也明白
这一点。然而，它选择了忽视自己的认知和直觉，听信了蝎子
的话。青蛙将自己的生命置于危险之中，因为它想要安抚并帮
助蝎子；它想要相信蝎子。青蛙怎能期待这只蝎子会是个例外
呢？蝎子只是做了该做的事。